cookpad

クックパッドのおいしい
厳選！サラダレシピ

新星出版社

はじめに

本書はクックパッドのサイトにある「１９０万品以上」※のレシピの中から、プレミアム会員だけしか検索することができない人気のレシピや、おいしさの指標である「つくれぽ（実際に料理を作ってみたユーザーからの写真付きコメント）」数の多いレシピはもちろん、実際に食べてみておいしかった、味自慢のサラダのレシピを、新星出版社編集部が厳選して掲載しています。

また、幅広い年齢層の方が使いやすいように、和洋中のサラダをはじめ、定番の人気サラダや、おもてなしの時に役立つアイデアサラダ、エスニックサラダなども取り上げました。さらに、カテゴリーごとの章立てや、素材ごとのインデックスを設け、さまざまな食卓のシーンに役立てられるような構成に工夫しました。

本書を活用することで、「おいしい！」「また作りたい！」などのうれしい声がうまれ、日々の食生活に彩りを添えられれば幸いです。

※レシピ数は２０１４年12月時点

cookpad

クックパッドとは？

クックパッドとは毎日の料理が楽しくなる、日本最大の料理レシピ投稿・検索サイトです。20～30代の女性を中心に、月間のべ5000万人以上の人に利用されています。

レシピを投稿しているレシピ作者は、一般のユーザーの方です。そして、投稿されたレシピを見て料理をした人は、レシピ作者へ「おいしかったよ」「アレンジしました」などのコメントを「つくれぽ（作りましたフォトレポートの略）」で伝えることができます。こうしたユーザーの方同士のコミュニケーションを通じて、おいしくて作りやすい家庭料理のレシピが多く集まり、料理の楽しみが広がっていくのが特長です。

また、プレミアムサービスを使えば、数多くのレシピの中から、大人気のレシピをすぐに見つけることができ、献立作りがより便利になります（詳しくは122ページを参照）。

タイ風サラダ

［ヤムウンセン］ レシピID 191240

材料［4人分］

春雨（乾燥）… 100g
豚ひき肉 … 100g
むきえび …10尾
きゅうり … 1本
にんじん … 1/2本
トマト … 1/2個
紫玉ねぎ … 1/4個
きくらげ … 適量
（写真は3gを使用）
A レモン汁 … 1個
にんにく（細かいみじん切り）… 1/2かけ
砂糖 … 大さじ1
ナンプラー … 大さじ4
赤唐辛子（小口切り）… 1本
香菜 … 適量

作り方

1 きゅうり、皮をむいたにんじん、へたを取ったトマトは細切りに、紫玉ねぎは薄切りにする。きくらげは水につけてもどし、細切りにする。
2 **鍋に湯を沸かし、えび、ひき肉、春雨ときくらげの順にゆで**【コツ1】、水けをきる。
3 ボウルにAと塩適量（分量外）を入れて合わせ、1と2を加えてよくあえる。
4 器に3を盛り、ざく切りにした香菜をのせる。

コツ1

ひき肉はざるに入れてゆでるとラクチン。また具材はすべて同じ湯でゆでてOK。

レシピ作者
せつぶんひじき

1人当たり
198kcal

つくれぽ
ヤムウンセン大好きなんです〜！家でモリモリ食べれるなんて嬉しい！

97　スタッフメモ　意外と簡単に作れてごちそう感たっぷり！　見た目もとっても華やかでした。　96

誌面について

▶ 掲載されている写真はレシピ作者のレシピを見て再現し、撮影したものです。

▶「材料」とその分量は、サイト上で紹介されているものと基本的には同じですが、サイトに掲載されていない分量については、編集部で再現した時の分量を掲載していることがあります。

▶「作り方」は、サイト上で紹介されている工程を、レシピ本の表記ルールに則り、新星出版社 編集部にて再編集していますので、多少表現が異なりますが、実際の作り方は、サイト上に掲載されているものと相違ありません。下線部や「コツ」の写真は、レシピ作者による「コツ・ポイント」を編集部がピックアップしたものです。元のレシピをご覧になりたい場合は、クックパッドでレシピIDを利用して検索してください（http://cookpad.com）。

▶ レシピ頁掲載の「つくれぽ」では、クックパッドのユーザーが実際に投稿した「つくれぽ」からコメントを紹介しています。

▶「スタッフメモ」では、新星出版社 編集部のスタッフにて実際に調理し、実食した際の感想などを表記しています。

※レシピや「つくれぽ」は、2014年12月時点でサイトに掲載されている内容を基準にしています。

目次

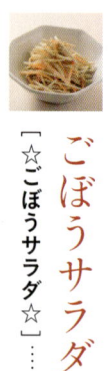

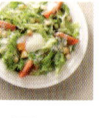

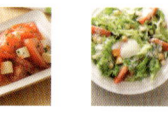

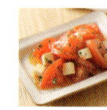

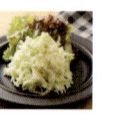

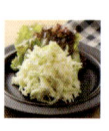

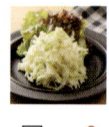

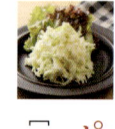

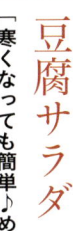

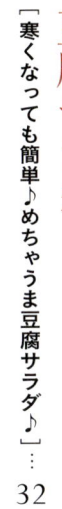

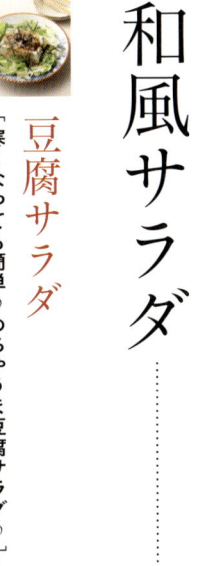

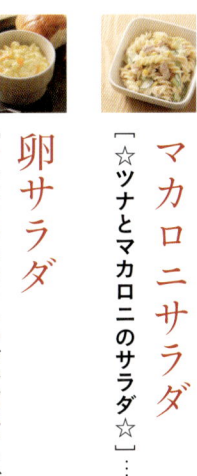

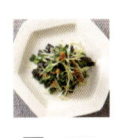

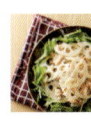

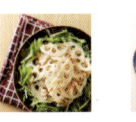

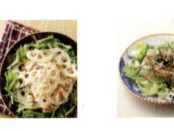

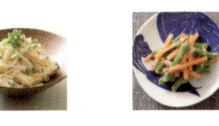

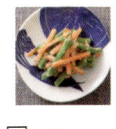

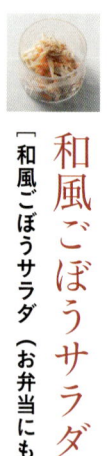

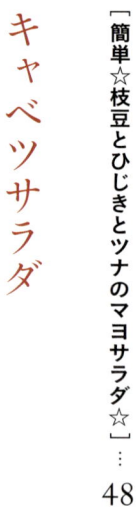

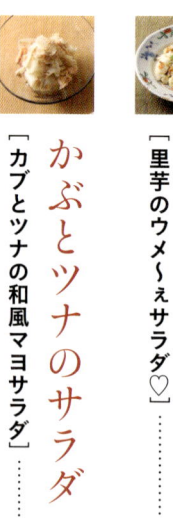

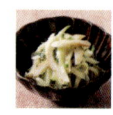

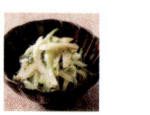

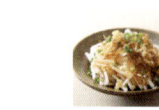

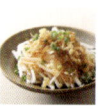

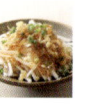

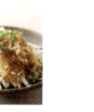

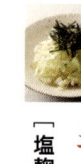

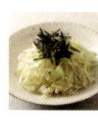

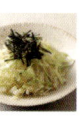

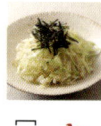

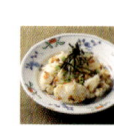

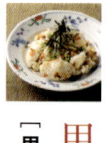

洋風サラダ …… 62

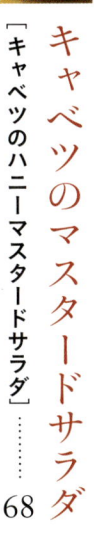

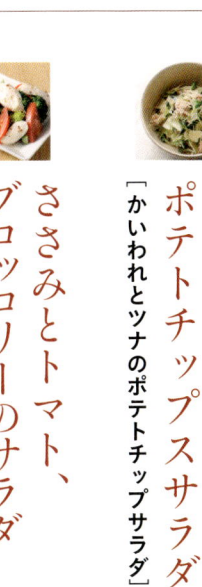

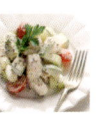

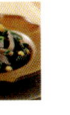

おもてなしサラダ

この本のルール

▼分量表記について
大さじ１は15㎖、小さじ１は５㎖、１カップは200㎖です。いずれもすりきりで量ります。米一合は180㎖です。

▼カロリーについて
カロリー計算は、新星出版社 編集部の基準で計算したもので、クックパッドサイト上での計算とは異なります。各レシピのカロリーについて、材料の人数に幅があるときは、多い方を採用して１人当たりを割り出して掲載しています。

▼調味料について
特に注釈がない場合は、しょうゆは濃口しょうゆ、砂糖は上白糖、みそはお好みのみそ、バターは有塩バターを使用しています。

▼でき上がりの量、調味について
各レシピの材料や分量については、各レシピ作者が考案した味を尊重しています。でき上がる分量や塩分量、調味料の量などはレシピによって異なりますので、作る前によく確認をしてください。

▼火加減について
強火、弱火など、火加減についての表記がない場合は、すべて中火にて調理、加熱を行ってください。

▼電子レンジ・オーブントースター・オーブンについて
ワット数や加熱時間についてサイトに記載がない場合は、編集部で再現した時の目安を記載していることがあります。加熱する時間はメーカーや機種によって異なりますので、様子を見て加減してください。また、加熱する際は、付属の説明書に従って、高温に耐えられるガラスの器やボウルなどを使用してください。液体を電子レンジで加熱する際、突然沸騰する場合がありますのでご注意ください。

▼電子レンジを使用した「卵」の加熱による破裂について
電子レンジで卵を加熱する際は、破裂する恐れがありますのでご注意ください。殻から取り出して溶きほぐすか、卵黄に切れ目を入れてから加熱してください。また、調理後はすぐに取り出さず、少し冷ましてから取り出してください。

▼掲載レシピについて
掲載しているレシピは、サイト内における「人気ランキング」、また人気の指標でもある「つくれぽ数」などを元にして厳選しています。
料理名の記載は、「一般的な料理の名称」「レシピ作者が考えた料理名」を並列させて表記しています。

定番人気サラダ

「シーザーサラダ」に「トマトサラダ」、「ポテトサラダ」など、絶対に作ってみたい人気レシピが大集合。

シーザーサラダ

［手作りで☆シーザーサラダ］ レシピID 690902

材料［2～3人分］

レタス、サニーレタス、
　グリーンリーフなどの葉野菜 … 3～4枚
トマト … 1/2個
温泉卵 … 1個
粉チーズ … 大さじ1
粗びき黒こしょう … 少々
食パン（耳でもOK）… 適量
（写真は1/2枚を使用）
オリーブオイル … 適量
A
マヨネーズ … 大さじ2
粉チーズ … 大さじ2
レモン汁 … 大さじ1
牛乳 … 大さじ1
塩 … 少々
粗びき黒こしょう … 少々

作り方

1 クルトンを作る。パンは包丁で細かく切り、アルミホイルの上に広げる。オリーブオイルをかけ、オーブントースターで焦げ目がつくまで焼く。

2 **ボウルにAを入れてよく混ぜ合わせてドレッシングを作る。**

3 レタスなどの葉野菜は食べやすい大きさに手でちぎり、トマトはへたを取ってくし形切りにし、ともに器に盛る。

4 3に温泉卵とクルトンをのせる。2を回しかけ、塩少々（分量外）、粗びき黒こしょうをふり、粉チーズをかける。

手作りドレッシングは使う分だけ作れて◎。

レシピ作者
ななぷー

1人当たり
234kcal

スタッフメモ　とろりとしたドレッシングと温泉卵が絶妙にからまって絶品でした！

つくれぽ

美味♡クルトンまで
手作り!?と旦那に
びっくりされました
(^o^)

トマトサラダ

［何とも云えぬ美味しさ♡トマトサラダ］ レシピID 1196326

材料［4人分］

トマト … 大2個
クリームチーズ … 約100g
パセリ … 少々

A
- しょうゆ … 大さじ2
- 酢 … 大さじ1
- オリーブオイル … 大さじ1½
- 砂糖 … 小さじ1/2
- 塩 … 少々
- 粗びき黒こしょう … 少々

作り方

1 ボウルにAを入れて混ぜ合わせる。

2 トマトはへたを取ってひと口大に切る。クリームチーズは1cm角に切る。パセリは刻む。

3 **1に2を入れ、スプーンでざっくりとあえる【コツ1】**。

コツ1

クリームチーズが砕けないようにやさしくあえる。また、時間がたつと塩分によって野菜から水分が出てくるので、食べる直前に作るのがおすすめ。

レシピ作者
遥うらら

1人当たり
165kcal

スタッフメモ　クリームチーズのコクがプラスされて美味！　酒のつまみにもぴったりですね。

つくれぽ

家族に好評で自分の食べる分がない(涙)今度は小皿に盛り分けます。

ごぼうサラダ

［☆ごぼうサラダ☆］
レシピID 1681113

材料［作りやすい分量］

ごぼう … 1本
にんじん … 1/2本
A
- マヨネーズ … 大さじ3
- すりごま（白）… 大さじ3
- 酢 … 大さじ1
- 砂糖 … 大さじ1
- しょうゆ … 小さじ1/2

作り方

1 ごぼうは皮をこそげ取り、にんじんは皮をむき、ともに細切りにする。

2 Aは混ぜ合わせる。

3 **1を熱湯でさっとゆでて**水けをきる。ボウルに入れ、Aを加えてよく混ぜる。

ちょっと固めのほうがシャキッとしておいしい。

レシピ作者
☆栄養士のれしぴ☆

全量で
528kcal

つくれぽ

お酢がポイントなんですね ♥とってもおいしかったです(^ ^)

スタッフメモ シャキシャキとした歯ごたえが絶妙でした！ お弁当メニューにも◎。

大根サラダ

［★びっくりマヨの大根サラダ★］

レシピID 353522

材料［作りやすい分量］

大根 … 5cm

きゅうり … 1/2本

にんじん … 1/4本

びっくりマヨ

- マヨネーズ … 大さじ2
- ごまドレッシング（またはごまだれ）… 大さじ1
- 砂糖 … 小さじ1
- みそ … 小さじ1/2弱

作り方

1 大根、にんじんは皮をむき、きゅうりとともにせん切りにし、**水にさらして水けをきる**【コツ1】。

2 ボウルにびっくりマヨの材料をすべて入れて混ぜ合わせ、ドレッシングを作る。

3 器に1を盛り、2のびっくりマヨをかける。

レシピ作者

papikun

全量で

265kcal

コツ1

野菜は水にさらすことで、シャキシャキの歯ごたえに仕上がる。

つくれぽ

何度もリピしてます♡大根サラダはこれに決まり！！

スタッフメモ　みそを加えた味わい深いドレッシングなら、野菜もたっぷり食べられますね。

つくれぽ

すりゴマの風味と玉ねぎの歯応えがいいですね！まろやかで美味しい☆

かぼちゃサラダ

［✲かぼちゃサラダ✲］ レシピID 1235711

材料［３〜４人分］

かぼちゃ … 1/4個
玉ねぎ … 中1個
A マヨネーズ … 大さじ3
　すりごま（白）… 大さじ2
　塩、こしょう … 各少々

作り方

1 かぼちゃはわたと種を取り、2〜3cmの小さめのひと口大に切る。耐熱容器に入れて水大さじ1（分量外）を加え、ラップをかけて600Wの電子レンジで5分加熱する。

2 玉ねぎは薄切りにする。フライパンに少量の油（分量外）を熱し、玉ねぎを入れてしんなりするまで炒めて火を止める。

3 **1の水けをきり、2とAを加えて菜箸であえる**。お好みでグリーンカール（分量外）を敷いた器に盛る。

かぼちゃは自然に崩れるくらいまで混ぜて。

レシピ作者
ゆみらんたん

1人当たり
150kcal

スタッフメモ 炒め玉ねぎがいい仕事をしていて、自宅で家族にも出してみたくなりました。

つくれぽ

燃焼系の人参サラダ、ダイエット中の旦那にぴったり!アイデア凄♪

にんじんのホットサラダ

［代謝UP！　生姜と人参のホットサラダ♪］

レシピID 1703733

材料［作りやすい分量］

にんじん … 中1本（150g）
しょうが … 2かけ（50g）
塩 … 小さじ1/4

A
はちみつ … 大さじ2
レモン汁 … 大さじ1
（レモン1/2個）
オリーブオイル … 大さじ1

作り方

1 にんじんとしょうがは皮をむき、ともにできるだけ細いせん切りにしてボウルに入れる。

2 **1に塩をふって軽くかき混ぜ、少ししんなりするまで5分おく【コツ1】**。

3 Aを混ぜ合わせて2に加え、ひと混ぜする。ふんわりとラップをかけて600Wの電子レンジで1分加熱し、そのまま電子レンジの中で5分おく。

コツ1

塩をふって軽く混ぜ、少ししんなりするまでおくと、にんじんの甘さが引き出されておいしさが増す。

レシピ作者

スタイリッシュママ

全量で
308kcal

スタッフメモ　はちみつの甘さとしょうがのピリッとした辛さはクセになりそうです。

ポテトサラダ

［キャベツたっぷりポテトサラダ］ レシピID 24048334

材料［3〜4人分］

じゃがいも … 3個〜
キャベツ … じゃがいもの半量
（せん切りした状態でじゃがいもと同じカサ）
玉ねぎ（なくてもOK）… 1/4個
A マヨネーズ … 大さじ3
オリーブオイル … 大さじ3
酢 … 大さじ1½（マヨネーズの半量）
砂糖 … 小さじ2
塩、こしょう … 各適量

作り方

1 じゃがいもはよく洗い、皮つきのまま8等分にする。耐熱容器に入れてラップをかけ、600Wの電子レンジで8分以上加熱し（もしくはゆで）、皮をむく。
2 **ボウルに1を入れ、泡立て器で軽くつぶす【コツ1】**。
3 **キャベツはせん切りにする（せん切りの状態でじゃがいもと同じカサにする）**。玉ねぎはみじん切りにする。
4 2に3を入れ、Aを入れてよくあえる。器に盛り、お好みでサニーレタス適量（分量外）を添える。

キャベツの塩もみはなし。出た水分はじゃがいもが吸ってクリーミーに仕上がる。

コツ1

泡立て器で完全につぶさず、ざっくりと混ぜるとよい。

レシピ作者
moj

1人当たり
244kcal

スタッフメモ 具材がせん切りキャベツだけでも、おいしいポテトサラダになるとは驚きました。

つくれぽ

ポテトサラダなのにサッパリして重くない！キャベツの食感◎ですね♡

冷しゃぶサラダ

［野菜たっぷり♪冷しゃぶサラダ］ レシピID 1457414

材料［2～3人分］

豚薄切り肉（しゃぶしゃぶ用）… 180g
酒 … 大さじ2
小麦粉 … 大さじ1～1½
湯（沸騰後70℃くらいのもの）… 適量
お好みの野菜 … 適量
（写真では玉ねぎ、きゅうり、ミニトマト、レタス、貝割れ菜を使用）
お好みのドレッシング … 適量

作り方

1 玉ねぎは薄切りにする。きゅうりは縦半分に切り、斜め薄切りにする。ミニトマトはへたを取り、縦4等分に切る。レタスは食べやすい大きさに手でちぎる。貝割れ菜は根元を切り落とす。

2 豚肉に酒をまぶしておく。

3 その間に鍋に湯を沸かし、沸騰したら火を止め、5～8分おいて70℃くらいまで温度を下げる。

4 **2に小麦粉を薄くまぶす**。

小麦粉が余分についたら、払い落とすこと！

5 **3の湯に4を入れ【コツ1】、豚肉がほんのりピンク色になったらざるにあげる【コツ2】**。

6 器に1と5を盛り合わせ、お好みのドレッシングまたはポン酢適量（分量外）をかける。

コツ①

鍋に豚肉を入れて軽くほぐしたら、菜箸などであまり触らないようにする。

コツ②

水にさらさず、ざるにあげてそのまま冷ますとよい。

レシピ作者
pyonpoco

1人当たり
168kcal

つくれぽ

こんなにしっとり柔らかくなるんですね！今度からこの作り方で♪♪

スタッフメモ　ゆで方ひとつで豚肉の食感が変わるのですね。勉強になりました！

ブロッコリーときのこのサラダ

［ブロッコリーときのこのベーコンまぜサラダ］ レシピID 1902654

材料［ 作りやすい分量 ］

ブロッコリー … 1株
しめじ（エリンギやまいたけでもOK）… 1パック
ベーコン … 2枚
にんにく … 1かけ
オリーブオイル … 大さじ1弱
粉チーズ（またはパルメザンチーズ）… 適量
こしょう（黒こしょうがおすすめ・お好みで）… 適量

作り方

1 ブロッコリーは洗って小房に分ける。しめじは石づきを取る。ベーコンは5㎜幅の細切り、にんにくはみじん切りにする。

2 フライパンに湯を沸かし、沸騰したら**塩適量（分量外）を入れる**。

塩は気持ち多めに入れると、ブロッコリーに塩味がついて◎。

3 2にブロッコリーを入れてゆでる。ブロッコリーがゆであがる直前にしめじを入れてさっとゆで、一緒にざるにあげる。水けをきってボウルに移す。

4 フライパンにオリーブオイルとにんにくを入れて弱火で熱する。香りがたったら、ベーコンを入れて弱火でじっくり焼く。

5 **4のベーコンから脂が出て、香ばしくなり、少し焦げ目がついたら火を止める。3に油ごと加えてあえる**。

味見をして物足りないようなら、塩適量を足してもOK。ただし、最後にかける粉チーズで味が締まるので、塩加減には気をつけて。

6 器に5を盛り、粉チーズをかける。お好みでこしょうをかける。

レシピ作者
こはねみ

全量で
363kcal

スタッフメモ 粉チーズの塩けがきいていて、お箸が止まりませんでした。

つくれぽ

それぞれの味をちゃんと楽しめてめっちゃ好み♡また作ります(^^)

マカロニサラダ

「☆ツナとマカロニのサラダ☆」 レシピID 1383529

材料［作りやすい分量］

マカロニ … 100g
ツナ缶 … 1缶
コーン缶 … 1/2缶
きゅうり … 1本
A マヌネーズ … 大さじ5〜6
牛乳 … 大さじ2
粉チーズ … 大さじ1
砂糖 … 小さじ1/2
塩、こしょう … 各少々

マカロニはクルクルとした溝のあるタイプを使うとツナとマヨネーズがよくからむ。

粉チーズは多めにしても美味。

作り方

1 きゅうりは薄切りにする。塩適量（分量外）をふり、**水分が出たら水で軽く洗い、よく絞る**。

2 熱湯でマカロニを袋の表示時間通りゆで、水けをきる。ボウルにマカロニ、きゅうり、軽く絞ったツナ、コーンを入れ、Aを加えてよく混ぜ合わせる。

きゅうりの水分をしっかりと絞るのがコツ。

レシピ作者
☆栄養士のれしぴ☆

全量で
1140kcal

スタッフメモ　マカロニは溝のあるタイプを使ったほうが調味料がからんで本当においしいですね。

つくれぽ

子供が大ファン♪
苦手だったきゅうり
をこのレシピで克服
しました！

つくれぽ

ゆで卵作らなくていいなんて…時間のない朝に簡単でおいしいです♪

卵サラダ

「サンドイッチに♪レンジで簡単タマゴサラダ」

レシピID 721949

材料［作りやすい分量］

卵（新鮮なもの）… 1個
サラダ油 … 小さじ1/2
マヨネーズ … 約大さじ1
塩、こしょう … 各少々
パセリ（みじん切り）
　またはドライパセリ（お好みで）… 適量

作り方

1 耐熱ボウルにサラダ油を入れる。**その上に卵を割り入れ、竹串や爪楊枝で黄身と白身をプスプスと刺す**【コツ1】。

2 1にラップをかけて500Wの電子レンジで1分～1分10秒加熱する（卵が固まっていたらOK。様子を見て固さを調節する）。

3 少し冷ましてから2を電子レンジか取り出し、フォークで粗みじんの状態につぶす。マヨネーズ、塩、こしょうを入れてざっと混ぜ、仕上げにパセリまたはドライパセリを加え、全体を混ぜ合わせる。

コツ①

卵の破裂を防ぐために、卵全体に竹串を刺して穴を数か所必ず開ける。

レシピ作者

トイロ＊

全量で
170kcal

スタッフメモ　この卵サラダさえあれば、サンドイッチもあっという間に作れますね。

つくれぽ

大量にキャベツ消費できて嬉しい♪しかも美味しかった！ご馳走様☆

コールスロー

［たっぷり！コールスロー＊ポリ袋で］

レシピID 758469

材料［６〜７人分・作りやすい分量］

キャベツ … 大1/4個〜（または小1/2個〜）

A
- マヨネーズ … 小さじ3〜
- 酢 … 小さじ3
- 塩 … 小さじ2
- 砂糖 … 小さじ1〜2
- 顆粒コンソメスープの素 … 小さじ1/3〜
- こしょう … 少々

作り方

1 キャベツは洗ってせん切りにする。

2 **ポリ袋に1とAを入れて全体になじませる【コツ1】**。

3 2の袋の空気を抜いて全体にもみ、密閉容器に移して冷蔵庫で保存する（冷蔵庫で2〜3日保存可能）。

コツ1

袋に空気を入れてふくらませて上下を返すようにしてなじませるとよい。

レシピ作者

ぶるーぽぴー

全量で
144kcal

スタッフメモ　コンソメスープの素がいい働きをしていますね。袋ひとつで作れるのも◎。

和風サラダ

ひじきや里いもなどを使ったヘルシーサラダから、
納豆や天かすなどを活用したアイデアサラダまで
編集部で厳選して集めました。

豆腐サラダ

［寒くなっても簡単♪めちゃうま豆腐サラダ♪］

レシピID 2214551

材料［作りやすい分量］

豆腐 … 1丁
レタス
（カットレタスでもOK）… 1/4個
サラダ野菜（お好みで）… 適量
（写真ではベビーリーフを使用）
かつお節 … ひとにぎり
刻みのり … ひとにぎり
ごま油 … 大さじ1
しょうゆ … 大さじ1

作り方

1 レタスは洗って手でひと口大にちぎる。
2 大きめの器にレタス、お好みのサラダ野菜を敷き詰め、**水けをきった豆腐をそのままのせる**。
3 2にかつお節と刻みのりをまんべんなくのせる（量はお好みで調整する）。
4 3にごま油、しょうゆを上から回しかける。

豆腐は電子レンジで軽く温めてもOK。

レシピ作者
hyousa

全量で
291kcal

スタッフメモ 包丁いらずでパパッと作れるのがいいですね。見た目もボリューム満点！

つくれぽ

ゴマ油の香ばしさがレタスにピッタリ合って美味しかったです♪

れんこんサラダ

［レンコンとツナと納豆のサラダ］ レシピーD 1611324

材料［２人分］

れんこん … 1節（約120g）
ツナ水煮缶 … 1缶
納豆（＋たれ）… 1パック
水菜（あれば）… 適量
A ポン酢 … 大さじ1
にんにく
（すりおろし・チューブ）… 1cm
マヨネーズ … 大さじ1
砂糖 … 小さじ1
黒こしょう … 少々

作り方

1 れんこんは皮をむいて薄い半月切りにして水にさらす。**湯を沸かしてお好みのやわらかさになるまでゆで**、ざるにあげて冷ましておく。

2 ボウルに缶汁をきったツナ、納豆、納豆のたれ、Aを入れてよく混ぜ合わせる。さらに1を加えてよくあえる。

3 水菜はあれば根元を切り落として2～3cm幅に切り、器に敷く。その上に2をのせる。

れんこんはシャキシャキ感が残る程度にゆでるとおいしい。

レシピ作者
＊さらさ＊

1人当たり
162kcal

スタッフメモ　歯ごたえのあるれんこんとネバネバの納豆との意外な組み合わせが新鮮でした。

つくれぽ

激ウマです!!!ポン酢のさっぱり具合大好きです♡また作ります!!

貝割れ菜のサラダ

［*袋1つ　辛くない♪カイワレサラダ］

レシピーD 1914622

レシピ作者
なかむらゆかこ

1人当たり
45kcal

材料［小鉢2個分］

貝割れ菜 … 1パック
ごま油 … 小さじ1
のり（おにぎり用）… 2枚
かつお節 … 1/2パック
しょうゆ … 小さじ1
レモン汁 … 小さじ1/2
粗塩 … 少々

作り方

1 貝割れ菜は根元をキッチンバサミで切り落とし、半分に切る。
2 **ポリ袋に1とごま油を入れてよくもむ【コツ1】**。
3 2の袋の中にちぎったのり、かつお節、しょうゆを加えてもむ。さらにレモン汁、粗塩も加え、全体にもんで味をなじませる。

コツ1

貝割れ菜をごま油でコーティングするように混ぜると、ベチャッとならずシャキシャキに。

スタッフメモ　貝割れ菜だけでも立派なおつまみ風サラダに変身！　洗い物も少なくて◎。

いんげんとにんじんのサラダ

［いんげんと人参のマヨごまサラダ］

レシピーD 843870

レシピ作者
ねっちゃんっ

1人当たり
82kcal

材料［2人分］

いんげん … 約10本
にんじん … 1/2本
A | マヨネーズ … 大さじ1
　| すりごま（白）… 大さじ1
　| めんつゆ（2倍濃縮）… 小さじ1/2

作り方

1 いんげんは筋を取り、長いものは半分に切る。にんじんは皮をむき、いんげんの半分くらいの太さの棒状に切る。
2 鍋に湯を沸かして1をやわらかくなるまでゆで、ざるにあげる。粗熱がとれたら、**キッチンペーパーで水けをしっかりとふく【コツ1】**。
3 ボウルに2を移し、Aを加えてあえる。

コツ1

ゆでた野菜の水けをしっかりとふくと、仕上がりが水っぽくならない。

スタッフメモ　あと一品ほしいときにササッと作れるのがgood。彩りもきれいですね。

つくれぽ

ささっと出来て低カロリー♡つまみ必須の私にありがたいレシピです！

つくれぽ

苦手な野菜の組み合わせが箸の止まらないお味に！感動しました！！

もやしと油揚げのサラダ

［もやしと油揚げの柚子こしょうサラダ］ レシピID 1220207

材料［2人分］

もやし … 1袋
油揚げ（長方形）… 1枚
A ｜ゆずこしょう … 少々
　｜マヨネーズ … 大さじ3
　｜しょうゆ … 小さじ1
小ねぎ … 適量

作り方

1 もやしはたっぷりの水に入れ、パリッとしたらざるにあげ、水けをきる。
2 ボウルにAを入れて混ぜ合わせる。
3 熱湯に塩適量（分量外）を入れ、**1をさっとゆでる**。ざるにあげ、粗熱がとれたら水けを絞る。
4 フライパンに油適量（分量外）を入れて中火で熱し、油揚げを入れてこんがり焼き色がつくまで両面を焼く。
5 フライパンから油揚げを取り出し、5㎜幅のせん切りにする。
6 食べる直前に2のボウルに3と5を入れ、よく混ぜ合わせる。器に盛り、刻んだ小ねぎを散らす。

もやしにシャキシャキ感を残したいのでゆですぎないこと！

レシピ作者
リーカ

1人当たり
209kcal

つくれぽ

もやしとカリカリ油揚げ、柚子胡椒マヨドレにもう箸が止まりません。

スタッフメモ 香ばしい油揚げが食欲をそそりますね。ゆずこしょうの風味も最高！

レタスとのりのサラダ

［レタスと海苔だけで美味しいサラダ♪］

レシピID 995628

材料［作りやすい分量］

レタス … 小1個
焼きのり … 3枚
サラダ油 … 大さじ3
しょうゆ … 大さじ3
ちりめんじゃこ、からし高菜（お好みで）… 適量

作り方

1 レタスは手で食べやすい大きさにちぎる。**水にさらして水けをしっかりときる**。
2 器に1を盛り、ちぎった焼きのりをたっぷりとのせる。
3 2にサラダ油としょうゆを回しかけ、お好みでじゃこやからし高菜をのせる。

レタスは水にさらすとパリッとする。

レシピ作者
flipper6

全量で
411kcal

スタッフメモ　シンプルな組み合わせなのに、また食べたくなるほどおいしかったです。

つくれぽ

oilとお醤油だけで、
こんなに美味しいな
んてビックリです♪

つくれぽ

二度目です。ネバネバが体に良さそう！大好きなレシピです。

オクラのサラダ

［＊息子大好物「オクラちゃん最高」サラダ＊］

レシピID 2026616

レシピ作者

こばあん3

1人当たり
52kcal

材料［3人分］

オクラ … 2袋

A
- マヨネーズ … 大さじ1
- ポン酢 … 大さじ1/2
- いりごま（白）またはすりごま（白）… 適量

作り方

1 オクラはまな板にのせ、塩少々（分量外）をふって板ずりしてうぶ毛を取り、ガクも除く。鍋に湯を沸かし、オクラをお好みの固さにゆでてざるにあげ、食べやすい大きさに切る。

2 **ボウルにAを入れて混ぜ合わせ**、1を加えてあえる。

いりごまを使う場合は指ですりつぶすようにしながら加えると、香りが出ておいしい。

スタッフメモ　マヨポン酢とオクラのコンビがいいですね。ねばトロ感にはまりました。

和風タルタルサラダ

［キャベツとゆで卵の和風タルタルサラダ］　レシピID 1794330

材料［2〜3人分］

キャベツ … 1/2個
ゆで卵 … 3個
A　マヨネーズ … 大さじ3
　すりごま（白）… 大さじ1
　しょうゆ、めんつゆ（2倍濃縮）、
　　ごま油 … 各小さじ1

作り方

1 キャベツは食べやすい大きさに切ってよく洗う。**耐熱容器にのせてラップをかけ、600Wの電子レンジで3〜4分加熱する【コツ1】**。
2 ボウルにAを入れて混ぜ合わせ、ゆで卵を加えてざっくりと粗めにつぶす。
3 1が冷めてきたら、水けをよく絞り、2に加えてよく混ぜる。

コツ1

キャベツはシャキッと感が残る程度に加熱するとよい。

レシピ作者
ゆめ。

1人当たり
216kcal

スタッフメモ　少ない材料で作れるのがいいですね。あっさりとした味わいも◎。

つくれぽ

美味しい〜♡ひとりで抱えて食べたい！ワインが進みすぎました♡

アボカドとえびの和風サラダ

［アボカドとエビのわさび醤油マヨ和え］ レシピID 2110047

材料［3～4人分］

アボカド … 1個
レモン汁 … 小さじ2
えび（正味） … 150g
A
- わさび（チューブ） … 小さじ1/2
- しょうゆ … 小さじ1
- 砂糖 … 大さじ1/2
- マヨネーズ … 大さじ2～3

作り方

1 えびは背わたを取り除く。鍋に湯を沸かし、火が通るまでゆでて、ざるにあげる。

2 アボカドは縦半分にぐるりと切り込みを入れ、種と皮を除く。食べやすい大きさに切って、レモン汁をかけてあえておく。

3 **ボウルにAを入れて混ぜ合わせ、1と2を加えてあえる**。

混ぜるだけ
だから簡単！

レシピ作者
どんぴんたん

1人当たり
93kcal

スタッフメモ　わさびのおかげで味が引き締まって美味！　アボカドもレモン汁の効果で変色もなしでした。

きゅうりのサラダ

［絶品パリパリきゅうりの簡単胡麻マヨサラダ］ レシピID 1877084

材料［ 作りやすい分量 ］

きゅうり … 2本
ちくわ（またはかに風味かまぼこ）
　… 1袋（小4本、または1パック）
卵 … 2個
A｜マヨネーズ … 大さじ4〜5
｜すりごま(白) … 大さじ6
｜めんつゆ（2倍濃縮）… 大さじ1〜2
｜ごま油 … 大さじ1/2〜1
｜砂糖 … 小さじ1
｜かつお節 … 1パック

作り方

1 **きゅうりは縦半分に切ってから3㎜厚さの斜め切りにする**。塩適量（分量外）をまぶして混ぜ、しばらくおく。

この切り方だときゅうりがパリパリの食感に！

2 **耐熱容器に卵を割り入れ、フォークなどで黄身をつぶす**。ラップをかけて600Wの電子レンジで2分加熱する。

破裂防止のため、必ず黄身に穴をあけること！

3 2を少し冷ましてから電子レンジから取り出し、フォークの背で卵を粗くつぶす。

4 ちくわは縦半分に切ってから斜め薄切りにする。

5 1から水分が出てきたら、水で洗ってざるにあげ、手で水けをしっかりと絞る。

6 ボウルに3と4と5を入れ、Aを加えてよくあえる。味を見て物足りなければ、塩、こしょう各適量（分量外）で味をととのえる。

レシピ作者
みるくとここあともも

全量で
866kcal

スタッフメモ　パリパリのきゅうりにかつお節風味のマヨだれがよくからまってウマウマでした。

つくれぽ

きゅうりの食感よく、いつもと違う感じのサラダで美味しかったです♡

枝豆とひじきのサラダ

［簡単☆枝豆とひじきとツナのマヨサラダ☆］

レシピID 2202249

つくれぽ

本当に火を使わずに簡単においしくできてうれしいー(*´∀`)♪

材料［2～3人分］

冷凍枝豆（塩味付き）… 150g
ひじき（乾燥）… 大さじ1強
ツナ缶 … 1缶（80g）
A
マヨネーズ … 大さじ1
すりごま（白）… 大さじ1
めんつゆ（4倍濃縮）… 小さじ2～
ごま油 … 小さじ1

フレッシュな枝豆でもOK。

作り方

1 枝豆は解凍し、さやから実を取り出しておく。ツナ缶は缶汁をきる。
2 深めの耐熱容器にひじきと水を入れてもどす。もどったら、そのままラップをかけて600Wの電子レンジで1分30秒～2分加熱し、粗熱がとれたら水けをしっかりきる。
3 ボウルに1と2を入れ、Aを加えてよく混ぜ合わせる。

レシピ作者
★peko★

1人当たり
114kcal

スタッフメモ　煮ものが定番のひじきをサラダでもおいしく食べられるなんてすばらしい！

キャベツサラダ

［塩麹で♪もりもりキャベツサラダ☆］

レシピーD 1753852

材料［２人分］

キャベツ … 1/3個
塩麹 … 小さじ2
ごま油 … 大さじ2
いりごま（白・お好みで）… 適量
焼きのり（お好みで）… 適量

作り方

1 キャベツは5㎜幅の細切りにする。
2 **ボウルに1と塩麹、ごま油を入れてよく混ぜる。**
3 器に2を盛り、お好みでごまをふり、焼きのりをのせる。

キャベツは手でもむようにしてしんなりさせる。

レシピ作者
ゆめみごこち

1人当たり
149kcal

つくれぽ
キャベツがあったらこればかり♡やっぱり止まらない美味しさです〜！

スタッフメモ うまうまでした、ペロリと完食でした。

つくれぽ

さすが人気レシピ♪じゃこと天かす、Wカリカリでめちゃウマでした★

天かすとじゃこの大根サラダ

〔○天かすとじゃこたっぷりの大根サラダ○〕 レシピーD 675122

材料［作りやすい分量］

大根 … 10cm（約300～350g）
ちりめんじゃこ … 20～25g
天かす … 大さじ2～3
ごま油 … 大さじ2
しょうゆ … 大さじ2
砂糖 … 小さじ1
ポン酢 … 大さじ1
練りわさび … 適量
小ねぎ（または青じそ）… 適量

作り方

1 大根は5cm長さに切って皮をむき、お好みの太さの細切りにする。**食べる直前まで水にさらす【コツ1】**。

2 **鍋またはフライパンにごま油とちりめんじゃこを入れて中火にかけ、ちりめんじゃこがパリパリになるまで炒める【コツ2】**。

3 2にしょうゆと砂糖を加えて混ぜ、火を止めてからポン酢とわさびを加える。

4 食べる直前に1をざるにあげてから水けをふき取り、器に盛る。3をかけて天かす、小口切りにした小ねぎを散らす。

コツ①

食べる直前まで水にさらしておくと、パリパリの食感に。

コツ②

とびはねに注意しながら、ちりめんじゃこがパリパリになるまで炒めて。

レシピ作者
おしす

全量で
156kcal

スタッフメモ　天かすをトッピングするというアイデアが新鮮。大根もパリパリでした。

つくれぽ

うまっ！コレ好きだわー！今度はちくわ以外でリピしてみる！

ちくわときゅうりのサラダ

［ちくわときゅうりのマヨごまサラダ］

レシピID 820869

レシピ作者

ちょこ☆ちょこ

1人当たり
84kcal

材料［2人分］

ちくわ … 1～2本

ちくわを蒸し鶏、ツナ、ゆで豚にしてもおいしい！

きゅうり … 1本

A
- マヨネーズ … 大さじ1弱
- めんつゆ（2倍濃縮）… 大さじ1/2
- すりごま（白）… 大さじ1

作り方

1 ボウルにAを入れて混ぜ合わせる。

2 ちくわときゅうりはせん切りにする。

3 1に2を加えてあえる。

スタッフメモ　少ない材料を切って混ぜるだけで、あっという間に作れるのがいいですね。

つくれぽ

ちょっと大人な『ごぼうサラダ』！一味唐辛子がイイ仕事してます!!

和風ごぼうサラダ

［和風ごぼうサラダ（お弁当にも♫）］ レシピID 2002934

レシピ作者
どんぴんたん

1人当たり
101kcal

材料［2～3人分］

ごぼう … 100g
にんじん … 100g
A | みそ … 大さじ1/2
 | マヨネーズ … 大さじ2
 | しょうゆ … 小さじ1
 | 顆粒和風だし … 小さじ1/2
 | 一味唐辛子 … 少々
いりごま（白）… 適量

作り方

1 ごぼうはよく洗って皮をこそげ取り、ささがきか細切りにする。水にさらしてアクを抜き、水けをきる。にんじんも皮をむき、ごぼうと同じ大きさに切る。

2 鍋に湯を沸かして塩約小さじ1（分量外）を入れ、1を加えて10分ほどゆでる。

3 2をざるにあげて水けをきり、粗熱がとれたらキッチンペーパーに広げて水けをふく。

4 **ボウルにAを入れてよく混ぜ合わせ、3を加えてしっかりあえる【コツ1】。**器に盛り、ごまをふる。

コツ1

野菜が温かいうちにあえると味がなじみやすい。

スタッフメモ みそと一味唐辛子がアクセントになっていて美味でした。

里いものサラダ

［里芋のウメ〜ぇサラダ♡］ レシピID 670509

材料［2〜3人分］

里いも … 約350g
梅干し … 中4個
A
かつお節 … 1パック
顆粒和風だし … 小さじ2
しょうゆ … 大さじ1
いりごま（白）… 大さじ1
小ねぎ（お好みで）… 少々
刻みのり（お好みで）… 大さじ2

作り方

1 里いもを水でよく洗って土などの汚れを落とす。皮がついたままで蒸し器に入れ、竹串がスッと通るくらいになるまで蒸す。**里いもの粗熱がとれたら、皮をむく**【コツ1】。

2 梅干しは種を取り、包丁でよくたたく。

3 1の1/3量を別にとっておき、残りはボウルに移してマッシャーなどでつぶす。2とAを入れてよく混ぜ合わせる。

4 3にとっておいた里いもを加え、すべてつぶさないようにざっくりと混ぜる。

5 器に4を盛り、お好みで小口切りにした小ねぎと刻みのりをのせる。

コツ1

里いもは蒸すと、手で皮が簡単につるんとむける。

レシピ作者
1646

1人当たり
87kcal

スタッフメモ　里いもの独特な食感がクセになりました。日本酒のつまみにもぴったりですね。

つくれぽ

煮物しか知らなかった里芋さん。とっても美味しい(≧∇≦)

かぶとツナのサラダ

［カブとツナの和風マヨサラダ］

レシピID 685917

レシピ作者
たくのスプーン

1人当たり
107kcal

材料［3〜4人分］

かぶ … 3個
ツナ缶 … 1缶
A
しょうゆ … 小さじ2
顆粒和風だし … 小さじ1/2
塩、こしょう … 各少々
マヨネーズ … 適量
（写真は大さじ2を使用）
いりごま（白・なくても可）… 大さじ1強

作り方

1 **かぶは適当な大きさに切ってから、薄切りにする**。塩小さじ1強（分量外）をふってもみ、余分な水けを軽く絞ってからボウルに入れる。

2 1に缶汁をきったツナ、Aを入れてよく混ぜ合わせる。

かぶの皮はよく洗えば、むかなくてもOK。

スタッフメモ　かぶ本来の甘さが味わえて美味。ツナ缶との相性もいいですね。

にんじんサラダ

［止まらないシャキシャキ人参のサラダ］

レシピID 334003

レシピ作者
あっこりんママ

全量で
213kcal

材料［作りやすい分量］

にんじん … 1本
A
マヨネーズ … 大さじ2
プレーンヨーグルト（または牛乳）… 大さじ2
しょうゆ … 少々
すりごま（白）… 適量
黒こしょう … 少々

牛乳の場合は、レモン汁を少し加えると味が締まる。

作り方

1 にんじんは皮をむいてせん切りにし、塩を適量（分量外）ふっておく。

2 ボウルにAを入れて混ぜ合わせる。

3 1をキッチンペーパーに包んで水けを絞り、2に加えてあえる。器に盛り、あればチャービル少々（分量外）を添える。

スタッフメモ　ヨーグルト入りのあえ衣なのでさっぱりいただけました。

つくれぽ

かぶ嫌いのパパも
食べてくれました！
また作ります☆

つくれぽ

本当に止まらない〜
（笑）栄養バッチリ
味バッチリですね♡

つくれぽ

ツナ＋梅干しでまたひとつゴーヤの美味しさ発見♪家族にも大好評♡

ゴーヤとツナのサラダ

［サラダ感覚✲ゴーヤとツナの梅肉和え］ レシピID 806769

材料［3〜4人分］

ゴーヤ … 1本
ツナ缶 … 1缶

A
梅干し（ペースト状）… 小さじ2
みりん … 小さじ1
しょうゆ … 小さじ1
すりごま（白）… 小さじ2

ノンオイルのツナ缶を使う場合は、ごま油小さじ1〜2を加えるとよい。

作り方

1 ゴーヤは縦半分に切ってから種とわたをスプーンなどで除き、薄切りにする。
2 1に塩小さじ1/2（分量外）をふって軽く混ぜておく。
3 **鍋に湯を沸かし、沸騰したら2をそのまま入れてゆでる**【コツ1】。ゴーヤの色が鮮やかになり、再度湯が沸騰してきたら、ざるにあげて**水にさらす**。
4 Aは混ぜ合わせる。
5 ボウルに水けをよくきった3、缶汁を軽くきったツナを入れ、4を加えてさっくりとあえる。

ゴーヤの苦みが気になる人は水に15分以上さらすとよい。

コツ①

ゴーヤはゆですぎないように気をつけて。

レシピ作者
ケチャウルレシピ

1人当たり
70kcal

スタッフメモ　苦手だったはずのゴーヤが、このレシピで好きになりそうです。

つくれぽ

もっと沢山作ればよかったです！とっても好きなレシピに仲間入り♫

トマトときゅうりのサラダ

［𝄞トマトとキュウリの青じそ&胡麻サラダ𝄞］

レシピID 884261

レシピ作者
矢切のねぎちゃん

1人当たり
178kcal

材料［2人分〜］

トマト … 2個
きゅうり … 1本
青じそ … 3枚
ごま油 … 大さじ1

A
酢 … 大さじ1
しょうゆ … 大さじ1½
砂糖 … 大さじ1/2〜
塩、こしょう … 各適量
すりごま（白）… 大さじ3

作り方

1 トマトはへたを取り、くし形切りにする。きゅうりは2〜3㎜厚さの小口切りにする。塩少々（分量外）をふってもみ、しっかりと水けを絞る。青じそはせん切りにする。

2 **ボウルにトマトとごま油を入れ、トマトが少しとろっとしてくるまで手で混ぜる**【コツ1】。さらにきゅうりも加えて混ぜ合わせる。

3 2にAを加えてよくなじませ、お好みの味にととのえる。器に盛り、青じそを添える。

コツ1

トマトが少しとろっとしてくるまでよくなじませるとよい。

スタッフメモ　トマトとごま油を先にあえることがおいしさアップの秘訣だとわかりました。

つくれぽ

簡単おいしい!! 冷蔵庫で眠っていた梅干しが喜びました(^w^)

ささみときゅうりのサラダ

［ごま油香る！ささみとキュウリの梅サラダ］ レシピID 2158748

レシピ作者
電撃主婦

1人当たり
93kcal

材料［4人分］

ささみ … 3本
きゅうり … 1本
塩 … 少々
酒 … 少々
玉ねぎ … 1/2個
梅干し … 2〜3個
A ごま油 … 大さじ1
しょうゆ … 大さじ1
いりごま（白） … 適量

梅干しはペースト状で大さじ2くらいが目安。大きさやお好みで調節を。

作り方

1 きゅうりはせん切りにし、塩もみをして水けをよく絞る。玉ねぎは薄切りにし、水にさらして水けをよく絞る。
2 鍋に湯を沸かし、沸騰したら酒を入れてささみをゆでる。火が通ったらざるにあげ、粗熱がとれたらほぐす。
3 梅干しは種を取り、包丁でたたいてペースト状にする。Aを加えてよく混ぜ合わせる。
4 3に1と2を加えてあえる。

スタッフメモ ヘルシーでさっぱりいただけるので、ダイエット中にもぴったりですね。

洋風サラダ

マヨネーズベースのクリーミーなサラダに
お酢をきかせたさっぱり風味のサラダ。
どれも野菜がたっぷりとれるものばかりです。

チキンとセロリのマスタードサラダ

［チキンとセロリのマスタードサラダ］ レシピID 1932949

材料［2〜3人分］

鶏むね肉（または鶏もも肉）…1/2枚（約100g）
塩、こしょう、小麦粉 … 各適量
セロリ … 大1本（100g）
アボカド … 1/2個
ミニトマト … 5〜6個
A
マヨネーズ … 大さじ1
牛乳 … 小さじ2
粒マスタード … 小さじ1½
砂糖 … 小さじ1/2
レモン汁（またはワインビネガー）… 小さじ1/2
にんにく（すりおろし）… 1/2〜1かけ
顆粒コンソメスープの素 … 少々
黒こしょう … 適量

厚みのある豚肉やえびをソテーして使っても◎。

作り方

1 鶏肉は包丁で削ぐようにして厚みを均等にする。塩、こしょうをふって小麦粉をはたく。
2 フライパンにオリーブオイル適量（分量外）を熱して1を入れ、中まで火が通るまで焼く（皮がついている場合は皮目から焼く）。
3 セロリは筋を取り、食べやすい大きさに切る。アボカドは種と皮を除き、さいころ状に切る。ミニトマトはへたを取り、半分に切る。2の鶏肉が焼けたら、アボカドと同様の大きさに切る。
4 ボウルにAを入れて混ぜ合わせ、3のセロリ、鶏肉を入れてあえる。仕上げに黒こしょう、アボカド、ミニトマトも加えてざっくりと混ぜる。器に盛り、お好みでイタリアンパセリ少々（分量外）を添える。

レシピ作者
putimiko

1人当たり
134kcal

スタッフメモ クリーミーなドレッシングにセロリがマッチしていました。

つくれぽ

美味しいサラダでした♫しかもおしゃれなのでリピしまぁす(≧▽≦)

つくれぽ

我が家のチビも美味しい〜♡と連呼しながら食べましたよ(*^^)v

ブロッコリーと卵のサラダ

「ブロッコリー♡卵マスタードマヨサラダ」レシピID 453828

材料［4人分］

ブロッコリー … 大1株
卵 … 2個
マヨネーズ … 大さじ3〜4
マスタード … 小さじ1〜2
（粒入りではなく、黄色い練り状のもの）
塩 … 適量
黒こしょう … 適量

小さなお子さまには、マスタードと黒こしょうを省いてもOK。

作り方

1 ブロッコリーは小房に分ける。鍋に湯を沸かし、沸騰したら塩少々（分量外）を入れ、ブロッコリーを加えてお好みの固さにゆで、ざるにあげる。
2 卵は**お好みの固さのゆで卵にする**。
3 2の殻をむいてボウルに入れ、粗くつぶす。マヨネーズ、マスタードを加えて混ぜ、塩、黒こしょうで味をととのえる。
4 1の水けをきり、3に加えてあえる。

卵は固めの半熟状がおすすめ。

レシピ作者
ドキンたん

1人当たり
124kcal

スタッフメモ　マスタードが味全体のアクセントになっていました。繰り返し食べたいですね。

つくれぽ

自分では絶対に思い付かないレシピ！美味しくてもりもり食べれた〜♪

ほうれん草のサラダ

［ドレッシングが決め手〜ほうれん草サラダ］

レシピID 733984

材料［4人分］

ほうれん草 … 1束
コーン … 約大さじ4
ハム … 約7枚

A
- ポン酢 … 大さじ2
- マヨネーズ … 大さじ2
- ごま油 … 大さじ1
- はちみつ … 小さじ1

塩、こしょう … 各少々

作り方

1 ほうれん草は根元を切り落として食べやすい大きさに切る。鍋に湯を沸かしてほうれん草をゆで、水けを絞る。ハムは食べやすい大きさに切る。コーンは缶詰なら水けをきる。

2 ボウルに1を入れてざっくりと混ぜ、冷蔵庫で冷やしておく。

3 **別の容器にAを入れてしっかりと混ぜ合わせる。**

4 よく冷えた2を3であえ、塩、こしょうで味をととのえる。

冷蔵庫でドレッシングを保存するときは、空き瓶に入れると便利。分離しても使用前にふれば、おいしく食べられる。

レシピ作者

じょうじょうちゃん

1人当たり
144kcal

スタッフメモ　はちみつ入りのドレッシングが最高。レパートリーに加えたいです。

つくれぽ

マヨ味もおいしいですね！隠し味の辛子もいい仕事☆ごちそうさまです。

洋風春雨サラダ

［春雨のマヨネーズサラダ。］

レシピID 250163

材料［2～3人分］

春雨（乾燥）… 40g
ハム … 3枚
きゅうり … 1/2 ～ 1本

A
マヨネーズ … 大さじ2½
牛乳 … 大さじ1
塩 … 小さじ1/3
練り辛子 … 少々
砂糖 … 小さじ2/3
しょうゆ … 少々

練り辛子はかくし味なので入れすぎないこと。

作り方

1 春雨は熱湯に3分つけてからざるにあげ、冷水で洗い、水けをしっかりときる。長い場合は食べやすい大きさに切る。

2 きゅうりは斜め薄切りにしてから、細いせん切りにする。ハムは3枚重ねて、きゅうりと同様に細く切る。

3 ボウルにAを混ぜ合わせ、1、2を加えてあえる。

レシピ作者
つくしぐみ

1人当たり
139kcal

スタッフメモ　定番の中華風ではなくマヨネーズで洋風にアレンジしてもおいしいですね。

キャベツのマスタードサラダ

［キャベツのハニーマスタードサラダ］　レシピID 997757

材料［2～4人分］

キャベツ … 1/4個
ウィンナーソーセージ … 5～6本
A｜オリーブオイル … 大さじ3
｜酢 … 大さじ2
｜はちみつ … 大さじ1
｜粒マスタード … 大さじ1
塩、こしょう … 各適量
ドライパセリ（お好みで）… 適量

作り方

1 Aを混ぜ合わせてドレッシングを作る。
2 **キャベツは2～3㎝四方に切る**【コツ1】。
3 ウィンナーソーセージは1㎝幅に切る。
4 耐熱容器に2を入れ、ラップをかけて500～600Wの電子レンジで3分ほど加熱する。
5 別の耐熱容器に3を入れ、ラップをかけて500～600Wの電子レンジで30～40秒加熱する。
6 ボウルに4と5を入れて1を加えてあえ、味を見て塩、こしょうで味をととのえる。
7 器に6を盛り、お好みでドライパセリをふる。

コツ1

キャベツの芯に近い部分は薄く削いで使う。

レシピ作者
caramel-cookie

1人当たり
183kcal

スタッフメモ　切ってレンジで加熱するだけでこんなにおいしいなんて、びっくりです。

つくれぽ

ハチミツのやさしい甘味がイイですね♪また作ります(^ー^)

レタスとポテトのサラダ

【✼レタスサラダ☆ポテサラじゃないよ✼】 レシピID 866509

材料［約4人分］

レタス … 1個
じゃがいも … 2個
きゅうり … 1/2本
えび（ハムなどでもOK）… 12尾
塩、こしょう … 各適量
酢 … 大さじ1
マヨネーズ … 大さじ3
砂糖（お好みで）… 少々
マヨネーズ（後入れ用）… 大さじ3～

作り方

1 ポテトサラダを作る。じゃがいもは皮をむいて適当な大きさに切り、ゆでる。えびは背わたを取ってゆで、縦半分に切る。

2 きゅうりは薄い輪切りにして塩適量（分量外）をふる。しんなりしたらしっかり水けをきる。

3 1のじゃがいもがゆであがったら、湯を捨てて粉ふきいもを作る。酢をふり入れ、フォークなどでつぶして冷ましておく。

4 3に2、1のえび、塩、こしょう、お好みで砂糖、マヨネーズを入れてよく混ぜる。

5 レタスは洗って3～5cm四方に手でちぎり、水けをきる。

6 **ボウルに4と5、さらに後入れ用のマヨネーズを全体に加えて混ぜる【コツ1】**。味を見て、薄ければ塩、こしょう、マヨネーズで味をととのえ、冷蔵庫で30分ほど冷やす。

コツ1

なるべく大きいボウルで下から上へ、レタスがまんべんなく混ざるように手で混ぜるとよい。

レシピ作者
はなプリン

1人当たり
199kcal

スタッフメモ　レタスとポテサラとの食感の違いが楽しめる大満足のサラダでした。

つくれぽ

レタスのシャキシャキ感がイイネ♪手軽にアレンジできて助かります♪

水菜と春雨のサラダ

［大人気✲水菜と春雨のマヨネーズサラダ］

レシピID 709368

材料［作りやすい分量・4人分］

水菜 … 1束（100g）
春雨（乾燥）… 50g
魚肉ソーセージ … 1本
マヨネーズ … 大さじ5～
黒こしょう … 適量

作り方

1 春雨は袋の表示時間通りにゆでる。
2 水菜は根元を切り落とし、3cm長さに切る。魚肉ソーセージは縦半分に切ってから斜め切りにする。
3 1がゆであがったら水にさらし、水けをきって食べやすい長さに切る。
4 **ボウルに2と3を入れてマヨネーズ、黒こしょうを加えてあえる。**

黒こしょうは多めがおすすめ。ちょっと味に締まりがないときは塩を少しふるとよい。

つくれぽ

水菜と春雨、意外に合ってびっくりしました！また作ります♪

レシピ作者
まぁーあ

1人当たり
188kcal

スタッフメモ 魚肉ソーセージの使い方が勉強になりました。黒こしょうのパンチも◎。

もやしとかに風味かまぼこのサラダ

［もやしとカニカマの洋風サラダ♬］ レシピID 1323317

レシピ作者
えみまふぃん

全量で
91kcal

材料［作りやすい分量］

もやし … 1/2袋
かに風味かまぼこ … 2～3本
A｜エクストラバージン
　　オリーブオイル … 大さじ1/2～
　塩 … 適量
　粗びき黒こしょう、
　　ハーブソルト（お好みで）… 各少々

**塩加減は
お好みで調節を。**

作り方

1 鍋に湯を沸かしてもやしを入れ、お好みの固さにゆでて水けをよくきる。
2 かに風味かまぼこは食べやすい大きさに裂く。
3 ボウルに1と2を入れ、Aを加えて混ぜ合わせる。器に盛り、お好みで水菜またはレタス各少々（各分量外）を添える。

つくれぽ

簡単なのにすごく美味しかった！ 低カロリーだし、節約だし！

スタッフメモ　発想の転換で激安のもやしがオシャレなサラダになるなんて感動しました。

スパサラダ

［母の味✲スパサラダ（●＾o＾●）］

レシピID 921844

材料［作りやすい分量］

サラダ用スパゲッティ … 100g
ハム … 4枚
きゅうり … 1/2本
にんじん … 小1本
A　マヨネーズ … 大さじ3
　　砂糖 … 大さじ1
　　塩、こしょう … 各ひとつまみ

作り方

1 にんじんは皮をむき、薄切りにしてから横にそろえてせん切りにする。きゅうりとハムもにんじんと同様にせん切りにする。
2 熱湯でサラダ用スパゲッティを1分ゆでて火を止め、袋に表示してある時間分そのままおく。
3 2をざるに移ししっかりと水けをきる。
4 **ボウルに1と3を入れ、Aを加えてよく混ぜる【コツ1】**。

コツ1

かくし味として砂糖を加えると絶品の仕上がりに。

レシピ作者
3姉妹ちゃんママ

全量で
785kcal

スタッフメモ　砂糖を入れるとまろやかな味わいになり、仕上がりに差がつくとは驚きでした。

つくれぽ

茹で時間も短く、簡単に作れました! 子供たちお気に入りです♫

つくれぽ

かいわれのシャキシャキとポテチのパリパリが絶妙〜美味v(^_^)

貝割れ菜とツナのポテトチップスサラダ

［かいわれとツナのポテトチップサラダ］ レシピID 766586

材料［1皿分］

貝割れ菜 … 約1パック
ツナ缶 … 1/2～1缶
ポテトチップス … 小1袋
A｜マヨネーズ … 大さじ1
　｜黒こしょう … 適量

ツナはローカロリーの水煮缶がおすすめ。

作り方

1 **ポテトチップスは粗く砕く【コツ1】**。
2 貝割れ菜は根元を切り落とし、長さを半分に切る。
3 ボウルに1と2、缶汁をきったツナ、Aを入れて混ぜる。
4 器に3を盛り、あれば食べる直前にひきたての黒こしょう少々(分量外)をかけてもおいしい。

コツ1

ポテトチップスは袋の中で割ると飛び散らない。

レシピ作者
なつももまま

全量で
273kcal

スタッフメモ　ポテトチップスを使う発想が斬新！　大人から子どもまで楽しめますね。

つくれぽ

ドレッシングがいい感じ～! いっぱい作ったのにペロッと完食☆

ささみとトマト、ブロッコリーのサラダ

［ササミとトマトとブロッコリの美味しいサラダ］

レシピID 229382

材料［2人分］

ささみ … 3本
ブロッコリー … 適量
（トマトより少なめ）
（写真は1/3株を使用）
トマト … 1個

A
オリーブオイル … 大さじ2
レモン汁 … 大さじ1
粒マスタード … 小さじ1
砂糖 … 小さじ1
ハーブソルト … 少々

作り方

1 ささみは火が通るまで蒸し器で蒸す。粗熱がとれたら、冷蔵庫に入れて冷やし、食べやすい大きさに切る。

2 ブロッコリーは小房に分け、ゆでる。トマトはへたを取り、食べやすい厚さに切る。

3 Aを混ぜ合わせて1をつけ、2を加えてあえる。

レシピ作者
お茶丸

1人当たり
262kcal

スタッフメモ　粒マスタードとレモン汁のさっぱりドレッシングにはまりそうです。

ゴーヤとツナのマヨサラダ

［ゴーヤとツナの苦くないサラダ♫］

レシピID 400519

材料［4人分］

ゴーヤ … 1/2本
ツナ缶 … 1缶
玉ねぎ … 1/2個
塩 … 小さじ1/2
A｜マヨネーズ … 大さじ2～3
　｜レモン汁 … 小さじ1

作り方

1 ゴーヤは縦半分に切ってから種とわたをスプーンなどで除き、薄切りにする。塩をふってもんでおく。

2 鍋に湯を沸かして1を入れ、再び沸騰したらざるにあげる。すぐに水にさらして、**水けを固く絞る**。

3 玉ねぎは薄切りにし、10分ほど水にさらす。ざるにあげ、**手で水けをよく絞る**。

4 ボウルに2と3、缶汁をきってほぐしたツナを入れ、Aであえる。味を見て、足りなければ、塩、こしょう各適量（各分量外）で味をととのえる。

ゴーヤも玉ねぎも水けをよく絞るのがコツ。

レシピ作者
ななまま

1人当たり
108kcal

つくれぽ

実はリピです♡
ゴーヤが全然苦くなくてモリモリ食べました♡

スタッフメモ　この作り方だとゴーヤは本当に苦くないですね。お子さんにもおすすめです。

そら豆と卵のサラダ

［＊そら豆と玉子のクリーミーサラダ＊］ レシピID 1388480

材料［1～2人分］

そら豆（さやから出す）… 100～150g
卵 … 2個
A｜マヨネーズ … 大さじ2
　｜粉チーズ … 小さじ1
　｜塩、こしょう … 各少々

作り方

1 **そら豆はさやから出してお尻部分に包丁で切り込みを入れる**【コツ1】。塩少々（分量外）を加えた熱湯で2分ほどゆでる（ゆですぎに注意）。

2 1をざるにあげ、**皮から実を取り出す**【コツ2】。

3 サッと水にくぐらせた耐熱ボウルに卵を割り入れる。**破裂防止のために爪楊枝で2～3カ所、黄身部分を刺す**。

4 3にラップをかけ、500Wの電子レンジで2分加熱する。少し冷ましてから電子レンジから取り出して泡立て器やフォークなどで粗くつぶす。

5 **Aを4に混ぜ合わせ**、2を加えてざっくりと合わせる。

粉チーズに塩けがあるので、塩は味を見てから最後に加えて。

コツ①

黒い筋の反対側にあるお尻部分に包丁で切り込みを入れる。

コツ②

黒い筋のある頭部分をつまみながら、押し出すようにして実を取り出すとよい。

レシピ作者
ねっちゃんっ

1人当たり
242kcal

スタッフメモ　ホクホクのそら豆がサラダの主役になるとは！　とてもおいしかったです。

つくれぽ

そら豆のこんな美味しい食べ方があるんだね♡美味し過ぎて即完食＊

つくれぽ

冷蔵庫のあり合わせで一品増やせました。サッパリしておいしい!

ハムとキャベツのサラダ

［✲ハムとキャベツのさっぱりサラダ✲］

レシピID 246073

材料［2人分］

キャベツ … 1/4個
ハム … 4〜5枚
A
- 酢 … 大さじ2
- サラダ油 … 大さじ2
- 塩、こしょう … 各少々

作り方

1 キャベツは食べやすい大きさに切り、塩適量(分量外)をふって強めにもむ。ハムは細切りにする。

2 Aは混ぜ合わせる。

3 **1のキャベツがしんなりしてきたら水けをよくきり**、ハムとともに2に加えて混ぜ合わせる。少し時間をおいたほうが味がなじんでおいしい。

水けが残っていると水っぽくなり、味がぼやけるのでしっかりきること!

レシピ作者

リナリオ

1人当たり
159kcal

スタッフメモ　酸味の加減がほどよいのでモリモリ食べられました。

スペイン風トマトサラダ

［カディスのトマトサラダ♪ピリニャカ！］

レシピID 268844

レシピ作者

Spain

1人当たり
70kcal

材料［3～4人分］

トマト … 約3個
ピーマン … 約1～2個
玉ねぎ … 約1/2個
塩 … 少々（お好みで調整）
バルサミコ酢（またはワインビネガー）… 大さじ1
エクストラバージンオリーブオイル … 大さじ1

作り方

1 **トマトはへたを取り、ピーマンはへたと種を取り、玉ねぎとともにそれぞれ1㎝未満の角切りにする【コツ1】**。
2 ボウルに1を入れて塩をふり、バルサミコ酢、オリーブオイルを加えてよく混ぜ合わせる。冷蔵庫でよく冷やす。

コツ1

野菜はすべて小さく同じ大きさに切りそろえて。

つくれぽ

スペインオムレツと一緒に。初めてでしたが、激ウマで止まりません！

スタッフメモ　さわやかで彩りがよく、メインの料理のつけ合わせにも便利ですね。

ひよこ豆のサラダ

［【ポルトガル料理】ひよこまめのサラダ］ レシピID 605661

材料［2人分］

ひよこ豆（ドライパックの缶詰）
…2缶（220g）
玉ねぎ…1/4個
ゆで卵…1個
パセリ…1枝
オリーブオイル…大さじ3
酢…大さじ1
塩、こしょう…各適量

作り方

1 玉ねぎ、ゆで卵、パセリはみじん切りにする。
2 ボウルにひよこ豆、玉ねぎ、パセリ、オリーブオイル、酢を入れて混ぜ合わせ、塩、こしょうで調味する。
3 **器に2を盛り、上からゆで卵を散らす**。

冷蔵庫で冷やしてから食べるのがおすすめ。

レシピ作者
バカリャウ

1人当たり
321kcal

つくれぽ

眠っていたひよこ豆の缶詰で美味しいサラダができ、うれしいです♪

スタッフメモ　混ぜてつくる簡単でおいしい一品。見た目がオシャレなひと皿ですね。

中華・エスニックサラダ

おなじみの「春雨サラダ」や「バンバンジー風サラダ」に加え、タイ料理の定番「ヤムウンセン」までご紹介。

春雨サラダ

［スーパーのあの味　中華風春雨サラダ］レシピID 742533

材料［2人分］

緑豆春雨（乾燥）… 30g
にんじん … 3㎝
きゅうり … 1/2本
ベーコン（またはハム）… 2枚
A　砂糖 … 大さじ1½
　　しょうゆ … 大さじ2弱
　　酢 … 大さじ2
　　ごま油 … 大さじ1弱
　　水 … 110㎖
すりごま（白）… たっぷり

作り方

1 にんじんは皮をむき、きゅうり、ベーコンとともにせん切りにする。
2 春雨をもどさずに鍋（またはフライパン）にそのまま入れ、にんじん、ベーコン、Aも入れる。**中火にかけ、ふたを少しずらして煮立たせる。煮立ったら、火を止めてふたをして少し冷ます**【コツ1】。
3 2にきゅうりとごまを加えて混ぜる（冷蔵庫で冷やすときゅうりがしんなりして味がよくなじむ）。

コツ1

少し煮立ってくるまでふたをずらしてのせ、火を止めたあとは、ふたをして少し冷ますとよい。

レシピ作者
モッチペコリーノ

1人当たり
264kcal

スタッフメモ　春雨をもどさず、鍋ひとつで手軽に作れるのがいいですね。

つくれぽ

3倍の量でもすぐに無くなりました!すごく美味しかったです!感謝です

なすときゅうりのサラダ

［冷やしなすときゅうりの中華風サラダ］ レシピID 2371425

材料［3～4人分］

なす… 3本
きゅうり… 2本

A
しょうゆ … 大さじ1～
めんつゆ（3倍濃縮）… 大さじ1～
酢 … 大さじ1～
ごま油 … 大さじ1～
いりごま（白）… 適量
一味唐辛子 … 適量

作り方

1 なすはへたを取り、縦に4～6等分に切る。
2 フライパンに油をひかずになすを入れて熱し、軽く塩（分量外）をふり、こんがりと色づくまで焼く。
3 **なすに火が通ったら、油大さじ1（分量外）を入れ、全体に油がまわっててりよく仕上がったら火を止める【コツ1】。**
4 **きゅうりは太めの細切りにし、塩適量（分量外）をふって軽くもみ、出た水分は捨てる【コツ2】。**
5 **ボウルに3と4を入れてAを加えてあえ、冷蔵庫でよく冷やして味をなじませる。**

あえてから時間をおいてなすにたれをしみ込ませると◎。

コツ1

なすは焼くとき油を吸いすぎるので、ある程度焼いてから油を加えるとよい。

コツ2

もみすぎるとしなしなになって食感がなくなるので注意。

レシピ作者
moj

1人当たり
56kcal

スタッフメモ　このなすの焼き方なら油っぽくならず、おいしくカロリーダウンできますね！

つくれぽ

ナスとろっとろ!!
キュウリの歯ごたえ
と合いますね!

つくれぽ

一度作ってみたかったレシピ♡サラダのレパートリー増えました☆

つくれぽ

子供達にも好評でした。白菜がたくさん食べられて良いですね♪

にんじんとえのきのサラダ

［人参とえのきの中華風サラダ］

レシピID 918116

レシピ作者
moj

1人当たり
47kcal

材料［4人分］

にんじん … 1/2本
えのきだけ … 1袋

A
しょうゆ … 大さじ1
めんつゆ（2倍濃縮）… 大さじ1
ごま油 … 大さじ1
酢 … 大さじ2
一味唐辛子 … 適量
いりごま（黒）… 適量

作り方

1 えのきだけは石づきを切り落としてほぐす。耐熱容器に入れてラップをかけ、600Wの電子レンジで1分30秒加熱する。

2 にんじんは皮をむき、できるだけ細い細切りにする。軽く塩（分量外）をふり、しばらくおいて手で水けをぎゅっと絞る。

3 **1と2をAであえ、冷蔵庫で冷やす**。器に盛り、レタス適量（分量外）を添える。

えのきだけにたれがしみて茶色になったら食べ頃。

スタッフメモ　えのきだけのシャキシャキの食感がクセになるサラダでした。

白菜とツナのサラダ

［✲白菜とツナの甘酢サラダ✲］

レシピID 1305460

レシピ作者
けんくんのママ

1人当たり
69kcal

材料［3～4人分］

白菜 … 1/4株
ツナ缶 … 1/2缶
しょうが … 1/2かけ

A
酢 … 大さじ1½
砂糖 … 大さじ1
しょうゆ … 大さじ1
ごま油 … 大さじ1/2

作り方

1 白菜は2㎝幅に切る。しょうがはせん切りにする。

2 耐熱容器等に白菜を入れ、ラップをかけて500Wの電子レンジで5分加熱する。**粗熱がとれたら、水けをしっかり絞る**。

3 ボウルに2、缶汁をきったツナ、しょうがを入れ、Aを加えて混ぜ合わせる。

味が薄まらないように白菜の水けをしっかり絞って。

スタッフメモ　しょうがとお酢のバランスがよく、箸休めなどにぴったりですね。

きゅうりとハムのバンバンジー風サラダ

[＊きゅうりとハムで＊バンバンジー風サラダ] レシピーD 848604

材料［3～4人分］

きゅうり … 2本

ハム … 5～6枚

ハムの代わりに鶏肉でもOK。

A
- すりごま（白）… 大さじ2
- 砂糖 … 小さじ1/2
- マヨネーズ … 大さじ2強
- めんつゆ（2倍濃縮）… 小さじ1½
- ラー油 … 5～6滴（お好みの分量で）

作り方

1 きゅうりは斜め薄切りにし、さらに細いせん切りにする。

2 ハムもきゅうりと同じくらいのせん切りにする。

3 器に1と2を盛り、あればミニトマト適量（分量外）を切って添える。

4 **Aをよく混ぜ合わせ**、3のきゅうりとハムにかける。

たれはきゅうり2本分にぴったりの量なので、たっぷりかけて食べたい方は多めに作って。

レシピ作者

komomoもも

1人当たり
104kcal

スタッフメモ　この手作りだれが濃厚でとってもおいしかったです。

つくれぽ

この組み合わせ今まで全然思いつかなかったです！簡単ウマウマ^o^

切り干し大根のサラダ

［切り干しで、中華サラダ。］

レシピID 128026

つくれぽ

作るの４回目?もっとかな?すっかり定番ご馳走さまです(*´∀`)

材料［３～４人分］

- 切り干し大根 … 30g
- きゅうり … 1本
- いりごま（白）… 大さじ2
- A
  - 酢 … 大さじ1
  - 砂糖 … 小さじ1
  - オイスターソース … 大さじ1
- ごま油 … 大さじ1

作り方

1. 切り干し大根はたっぷりの水でもどし、よく水けを絞って食べやすい長さに切る。すり鉢でごま大さじ1をすり、残りはそのままとっておく。
2. きゅうりは細切りにし、塩少々（分量外）をふってしばらくおく。水けが出たら軽く絞る。
3. 耐熱容器にAを入れて合わせ、600Wの電子レンジで1分加熱する。少し冷ましてから、電子レンジから取り出し、よく混ぜ合わせる。
4. **ボウルに1と2と3、ごま油を入れてよく混ぜ合わせる**。

作ってから しばらくおいて なじませると おいしさアップ！

レシピ作者
ラビー

1人当たり
82kcal

スタッフメモ　切り干し大根のコリコリの歯ごたえが魅力ですね。

つくれぽ

作り過ぎたかと思ったけど食べちゃいました!!お野菜いっぱい♥

ヘルシー中華サラダ

［母の味❤バランスサラダ（中華風）］

レシピID 1027540

材料［4人分］

にんじん … 1/2本
大根 … 1/4本
卵 … 2個
ほうれん草 … 1束
ハム（お好みで）… 2枚

A
しょうゆ … 大さじ3
酢 … 大さじ2
ごま油 … 大さじ1
砂糖 … 大さじ1〜2
顆粒和風だし … 小さじ1/2
水 … 大さじ1

作り方

1 にんじんと大根は皮をむき、細切りにする。塩小さじ1（分量外）をふってもんでおく。

2 Aは混ぜ合わせる。

3 卵はよく溶きほぐす。油適量（分量外）を熱したフライパンに入れ、炒り卵を作って冷ましておく。ほうれん草は食べやすい長さに切り、ゆでて水けをよく絞る。ハムは細切りにする。

4 **1がしんなりしたら水けを両手で絞る。ボウルにすべての具材と2を入れ、よくあえる。**

塩けが足りないときは塩を加えても。

レシピ作者
TWOHEARTS

1人当たり
111kcal

スタッフメモ　彩りがよく、栄養バランスも◎。やさしい味わいの中華風だれも好きです。

つくれぽ

ヤムウンセン大好きなんです〜！家でモリモリ食べれるなんて嬉しい！

タイ風サラダ

［ヤムウンセン］　レシピID 191240

材料［4人分］

春雨（乾燥）… 100g
豚ひき肉 … 100g
むきえび …10尾
きゅうり … 1本
にんじん … 1/2本
トマト … 1/2個
紫玉ねぎ … 1/4個
きくらげ … 適量
（写真は3gを使用）

A｜レモン汁 … 1個
｜にんにく（細かいみじん切り）… 1/2かけ
｜砂糖 … 大さじ1
｜ナンプラー … 大さじ4
｜赤唐辛子（小口切り）… 1本

香菜 … 適量

作り方

1 きゅうり、皮をむいたにんじん、へたを取ったトマトは細切りに、紫玉ねぎは薄切りにする。きくらげは水につけてもどし、細切りにする。

2 **鍋に湯を沸かし、えび、ひき肉、春雨ときくらげの順にゆで**【コツ1】、水けをきる。

3 ボウルにAと塩適量（分量外）を入れて合わせ、1と2を加えてよくあえる。

4 器に3を盛り、ざく切りにした香菜をのせる。

コツ1

ひき肉はざるに入れてゆでるとラクチン。また具材はすべて同じ湯でゆでてOK。

レシピ作者
せつぶんひじき

1人当たり
198kcal

スタッフメモ　意外と簡単に作れてごちそう感たっぷり！　見た目もとっても華やかでした。

香菜ときゅうりのサラダ

［香菜大好きな人に♥香菜ときゅうりのサラダ］ レシピID 1193677

材料［作りやすい分量］

香菜 … 1束

きゅうり … 2本

A
- しょうゆ … 大さじ2
- ごま油 … 大さじ1
- 豆板醤 … 小さじ2
- **にんにく（みじん切り）… 2かけ**
- しょうが（みじん切り）… 大さじ1

にんにく、香菜をたっぷり加えて！

作り方

1 **きゅうりは手で押しつぶし、食べやすい大きさに切る**。

2 香菜も食べやすい大きさに切る。

3 ボウルに1と2を入れ、Aを加えてよく混ぜ合わせる。

きゅうりは手で押しつぶしてから切るとたれがよくしみ込む。

レシピ作者
kajinのだんな

全量で
210kcal

スタッフメモ ピリ辛で香菜好きにはたまらないサラダ。今度はビールと一緒に食べます。

つくれぽ

このレシピのお陰で、急な来客にも対応できました。勿論大好評！

つくれぽ

子供の大好物でよく作ります♪今回は持ち寄りメニューのひとつに♡

カレー風味のマカロニサラダ

［カレーマカロニサラダ］

レシピーD 282816

材料［2人分］

マカロニ（乾燥）… 100g
（写真はペンネを使用）
ベーコン … 50g
マヨネーズ … 大さじ2
カレー粉 … 小さじ2
塩 … 適量
黒こしょう … 適量

作り方

1 ベーコンは食べやすい大きさに切り、**油をひかずにフライパンでカリカリになるまで炒める**【コツ1】。

2 鍋に湯を沸かし、マカロニを入れてお好みの固さになるまでゆでる。

3 ボウルに1、水けをきった2を入れ、マヨネーズ、カレー粉、塩、黒こしょうを加えてよくあえる。

コツ1

ベーコンから脂が出るので、キッチンペーパーでこまめにふきながらカリカリになるまで炒めて。

レシピ作者

バナナざくろ

1人当たり
329kcal

スタッフメモ　カレーマヨはスパイシーで食欲をそそりました。カリカリのベーコンも美味。

ブロッコリーとツナのサラダ

［ブロッコリーとツナの胡麻マヨポン♪サラダ］

レシピID 2150173

レシピ作者
ジュエリーママ

全量で
487kcal

材料［作りやすい分量］

ブロッコリー … 1株
ツナ缶 … 1缶（80g）
A | マヨネーズ … 大さじ2
| ポン酢 … 大さじ1
| すりごま（白）… 大さじ1
| ごま油 … 小さじ1
粗びき黒こしょう … 適量

作り方

1 ブロッコリーは小房に分ける。**鍋に湯を沸かして、2分ほどゆで**、ざるにあげてしっかり水けをきる。
2 ツナ缶は缶汁をきる。
3 Aはよく混ぜ合わせる。
4 3に1と2を入れて混ぜる。器に盛り、粗びき黒こしょうをふる。

ブロッコリーはゆですぎに注意して。

スタッフメモ　すりごまとごま油のコクが洋野菜のブロッコリーにとってもマッチしていました。

おもてなしサラダ

ゲストが喜ぶ見た目も華やかな
絶品おもてなしサラダ。
ランチ会やパーティーにぜひ。

温野菜サラダ

［温野菜サラダ　濃厚バルサミコソース］レシピID 656967

レシピ作者
ケチャウルレシピ

全量で
638kcal

材料［作りやすい分量］

A
- バルサミコ酢 … 1本（250mℓ）
- 固形コンソメスープの素 … 1/2個
- オリーブオイル … 大さじ1

お好みの野菜 … 適量
（写真はかぼちゃ200g、赤パプリカ1/2個、アスパラガス1束、いんげん10本、ズッキーニ1本を使用）
鶏肉 … 適量（写真は鶏もも肉1枚を使用）
ハーブソルト … 適量

作り方

1 **鍋にAのバルサミコ酢とコンソメスープの素を入れ、弱火でとろみがつく程度まで煮つめ、最後にオリーブオイルを加えて火を止める【コツ1】**。

2 かぼちゃは種とわたを取って5mm厚さに、赤パプリカはへたと種を取って1cm幅に切る。アスパラガスは縦半分に、いんげんは筋を取って長ければ半分に切る。ズッキーニは1cm幅に切る。**ズッキーニ以外の野菜はゆで、ズッキーニは油適量（分量外）を熱したフライパンで両面を焼く**。野菜全体にハーブソルトをふって軽く調味する。

野菜は蒸しても電子レンジで加熱してもOK。

3 鶏肉は塩、こしょう各適量（各分量外）をふる。フライパンに油適量（分量外）を強めの中火で熱して鶏肉の皮目から焼く。10～15分したら裏返し、2分ほど焼いて皮をパリッとさせ、食べやすい大きさに切る。

4 器に2と3を盛り合わせ、1を適量かける。お好みでタイム適量（分量外）を飾る。余ったソースはステーキなどに添えてもおいしい。

スタッフメモ　濃厚でコクのあるソースが絶品で、野菜がたくさん食べられました。

コツ1

ソースは煮つめて60～90mℓ（全体量が1/4ぐらい）になったら、できあがりの目安。

つくれぽ

女子会で。味レベルが高い料理と誉められました。感謝です☆

コンソメジュレサラダ

［コンソメジュレのキラキラ前菜..☆+*］

レシピID 651978

材料［グラス2個分］

粉ゼラチン … 5g
水（ゼラチン用）… 大さじ2
水 … 1カップ
固形コンソメスープの素 … 1個
イタリアンドレッシング（市販）… 大さじ1
レモン汁 … 大さじ1
えび … 中8尾
枝豆（冷凍）… 約20粒
生クリーム … 大さじ2〜
マヨネーズ … 大さじ1
塩、こしょう … 各少々
ミニトマト … 4個
バジル（あれば・飾り用）… 少々

作り方

1 大さじ2の水にゼラチンをふり入れ、ふやかしておく。

2 鍋に水を沸騰させ、コンソメを入れて溶かし、ドレッシングとレモン汁を混ぜて火を止める。

3 2に1を加えてよく混ぜる。粗熱がとれたら、それぞれのグラスにゼラチン液の半量を静かに注ぎ、ラップをかけて冷蔵庫で冷やし固める。残りのゼラチン液は保存容器などに入れて同様に冷蔵庫で冷やす。

4 ゼリーを固めている間に、えびは殻をむいて背わたを取り、塩適量（分量外）を入れた湯でゆで、小さめに切っておく。

5 枝豆は解凍し、薄皮をむいて4と合わせておく。

6 ボウルに生クリームを入れて少しとろりとするまで小さい泡立て器などで混ぜる。マヨネーズ、塩、こしょうで味をととのえ、5とあえておく。

7 ミニトマトはへたを取り、**キッチンペーパーなどを敷いた上で角切りにする**。

ミニトマトから水分が出てくるので、まな板の上にキッチンペーパーを敷いて切って。

8 **グラスのゼリーが固まったら、6と7をスプーンで盛る。その上に保存容器で冷やしておいたゼリーをスプーンでかき混ぜてくずしてから盛る。あればバジルを添える**。

もう少しさっぱりさせたいときはレモン汁を少々かけて。

レシピ作者
t_sat0mi

1人当たり
168kcal

スタッフメモ　お料理上手だとほめられる鉄板レシピ。おもてなしの前菜サラダとしてぴったり！

つくれぽ

結婚記念日に。これ１つで見栄えがいい！レストラン気分でした♪

花のサラダ

［母の日、パーティーに、お花トマトサラダ］ レシピID 1810603

材料［約3人分］

スナップえんどう（または水菜など緑の野菜）… 約15本（適量）
生ハム … 小1パック（4〜5枚）
トマト … 中2個
モッツァレラチーズ … 1袋（約100g）
塩 … 適量
エクストラバージンオリーブオイル … 適量
黒こしょう … 適量
バジル（あれば）… 適量

作り方

1 スナップえんどうは筋を取り、沸騰した湯でさっとゆでる。ざるにあげて水けをきり、そのまま冷ます。

2 **生ハムはくるくると巻いて、バラの花を形作り【コツ1】**、器の中心におく。

3 トマトは縦半分に切ってへたを取り、薄切りにする。モッツァレラチーズもトマトと同様の薄切りにする。

4 2の器に外側から内側へ、スナップえんどう→モッツァレラチーズ→トマト→モッツァレラチーズ→トマトの順に重ねながら円形に並べる。

5 塩、エクストラバージンオリーブオイル、黒こしょうをふり、あればバジルをのせる。

コツ1

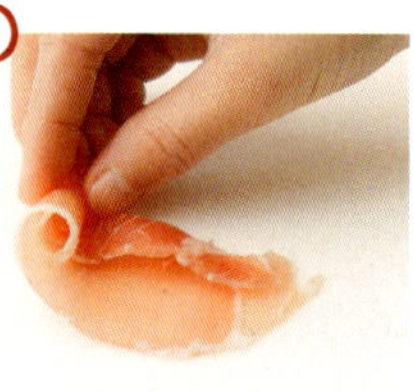

生ハムは下から3分の1を折り、手でくるくると巻くようにして、一輪のバラの花を形作り、残りの生ハムを同様に重ねていく。

レシピ作者
さゆなつまま

1人当たり
165kcal

スタッフメモ　パーティーや記念日に大活躍間違いなし！　食べるのがもったいないほど素敵。

つくれぽ

お義母さんに喜んでもらえました(^^)簡単なのに豪華に見えて◎

アボカドと豆腐のサラダ

［✻アボカドと豆腐のサラダわさびソース✻］レシピID 1298618

材料［**作りやすい分量**］

アボカド … 1/2個
豆腐 … 1/2丁
ミニトマト（あれば）… 2〜3個
オリーブ（あれば）… 2〜3粒
A
わさび … 小さじ1
しょうゆ … 小さじ1
塩 … 小さじ1/2
顆粒和風だし … 小さじ1/2
レモン汁 … 大さじ1
エクストラバージンオリーブオイル … 大さじ3

作り方

1 **Aを混ぜ合わせてドレッシングを作る**【コツ1】。
2 アボカドは縦半分にぐるりと切り込みを入れ、種と皮を取る。1㎝幅に切ってレモン汁適量（分量外）をかける。
3 豆腐は水きりして、アボカドと同様の1㎝幅に切る。
4 器に3と2を交互に並べ、へたや種を取って半分に切ったミニトマト、オリーブものせ、食べる直前に1をかける。

コツ1

オリーブオイルは最後に少量ずつ入れながら混ぜると、わさびとよく混ざる。

レシピ作者
ruruchirin

全量で
544kcal

スタッフメモ　わさび入りのドレッシングのおかげで、豆腐にチーズのようなコクがありました。

つくれぽ

何これ〜めっちゃ美味しい♡今まで作らなかったこと後悔中(-_-)

つくれぽ

とってもお洒落♪目と舌で存分に楽しめますね♥素敵なレシピに感謝☆

カルパッチョ

［あぶりホタテ❋カルパッチョ！］ レシピID 7822297

材料［作りやすい分量］

生食用ほたて … 4個
トマト … 小1個
きゅうり … 1/2本
パプリカ … 30g
A　はちみつ … 小さじ1
　粒マスタード … 小さじ1
　オリーブオイル … 小さじ1
　めんつゆ（2倍濃縮）… 大さじ2弱
　レモン汁 … 大さじ1
　黒こしょう … 少々
　塩 … 少々

作り方

1 きゅうり、へたと種を取ったパプリカはさいの目切りにする。
2 ボウルにAを入れて混ぜ合わせてたれを作り、1を加えて漬ける。
3 トマトはへたを取り、薄切りにする。
4 ほたては厚みを半分に切る。**フライパンを熱し、ほたての片面だけさっと焼き、焼き色をつける【コツ1】**。
5 器に3と4を交互に重ねて盛りつけ、2をかける。お好みでベビーリーフ少々（分量外）を散らす。

コツ1

ほたてはさっと焼くことで甘みがぐっと増す。

レシピ作者
りむゆらマンマ

全量で
232kcal

スタッフメモ　ほたてをさっと焼くだけで、甘みがアップするワザが参考になりました。

えびとアボカドのサラダ

［海老とアボカド❤至福のサラダ］　レシピID 728735

材料［**2〜4人分**］

ボイルえび（サラダ用など）… 8〜10尾
アボカド … 1個
ハーブソルト（塩、こしょうでも可）… 少々
ナッツ類（またはすりごま〈白〉）… 10g
（写真はくるみを使用）
A
マヨネーズ … 大さじ1〜1½
プレーンヨーグルト … 大さじ1
トマトケチャップ … 大さじ1
レモン汁 … 小さじ2
レタス、玉ねぎなどの野菜 … 各適量
（写真はレタス3枚、トレビス1枚、黄パプリカ1/4個を使用）

作り方

1 えびは殻つきであれば殻をむき、2〜3等分に切ってハーブソルト少々で下味をつける。
2 レタス類は手でちぎって水にさらし、パリッとさせる。パプリカはへたと種を取って細切りにする。
3 **ナッツ類を使用する場合、小さめの器に入れ、すりこぎなどでたたきつぶして粗い粉状にする【コツ1】**。
4 3（またはごま）にAを加えて混ぜ合わせる。
5 アボカドは縦半分にぐるりと切り込みを入れて種と皮を取り、さいころ状に切る。
6 **ボウルに1と5を入れ、4を加えてざっくりと合わせる**。
7 器に2をふわっと盛り、6をのせる。仕上げにお好みで粗く砕いたナッツ類適量（分量外）をふる。

混ぜすぎに注意して。

コツ1

飛び散らないように手でふたをしながらつぶす。

レシピ作者
ケチャウルレシピ

1人当たり
129kcal

スタッフメモ　ナッツが香ばしく、味のアクセントになっていて大変おいしかったです。

つくれぽ

おいしい〜まるでデパ地下のお惣菜みたい!コクがあるのにさっぱり♡

ベビーリーフサラダ

［リースサラダ☆クリスマスディナー］

レシピID 2363574

材料［作りやすい分量］

ベビーリーフ … 1袋
ミニトマト … 10個
生ハム … 1パック（約52g）

作り方

1 生ハムはくるくると巻いて花を作る。
2 器にベビーリーフを大きな輪になるようにして盛りつけ、へたを取ったミニトマトを2個ずつ彩りよく飾る。
3 2の輪の真ん中に1を盛る。

ベビーリーフの上に
生ハムの花を飾ってもOK。

つくれぽ

手間いらずで可愛くできましたー！クリスマスの定番にしまーす★

レシピ作者
skdmk

全量で
308kcal

スタッフメモ 盛りつけひとつでリースのようになるなんてとっても素敵ですね。

つくれぽ

タラモサラダ大好きです♡見栄えも明るくておなかにたまる♪

タラモサラダ

［タラモサラダ］

レシピID 2368905

材料［作りやすい分量］

じゃがいも … 4個
明太子 … 60g
ブロッコリー … 1/2株
塩 … 小さじ1½

A
マヨネーズ … 大さじ1½
牛乳 … 大さじ1
粒マスタード（あれば）… 小さじ1
塩 … ひとつまみ
こしょう … 少々

作り方

1 じゃがいもはよく洗う。鍋にじゃがいもがかぶるくらいの水と皮つきのままじゃがいもを入れ、火にかける。**沸騰したら中火で20分ほどゆでる。**

じゃがいもの大きさによってゆで時間を調節して。

2 ブロッコリーは食べやすい大きさに切り分け、水洗いする。鍋にブロッコリーがかぶるくらいの水と塩を入れて火にかける。沸騰したらブロッコリーを入れて2分ほどゆで、ざるにあげる。

3 明太子は皮から身をこそげ取り、ほぐす。

4 1を流水で粗熱をとりながら手で皮をむく。じゃがいもが熱いうちにつぶし、3とAを加えて混ぜ合わせる。器に盛り、2を添える。

レシピ作者
モンズキッチン

全量で
565kcal

スタッフメモ 明太子のプチプチの食感がいいですね。次回はパンにのせて食べてみます。

さつまいもと柿のサラダ

［秋♪さつまいもと柿のサラダ］

レシピーD 198652

レシピ作者 rose❀

1人当たり 173kcal

材料［2人分］

さつまいも … 1/2本（120g）
柿 … 1個
A
- プレーンヨーグルト … 大さじ2
- マヨネーズ … 大さじ1/2
- レモン汁 … 小さじ1
- メープルシロップ（またははちみつ） … 小さじ1
- 塩 … 少々

レーズン（お好みで） … 大さじ1/2
くるみ（お好みで） … 大さじ1/2

作り方

1 柿は皮をむいて種を取り、さつまいもとともに1.5cm角に切る。
2 1のさつまいもだけ水にさらし、**600Wの電子レンジで3分ほど加熱する**。
3 Aはよく混ぜ合わせる。
4 ボウルに柿とさつまいも、お好みでレーズン、砕いたくるみを入れ、3を加えてあえる。

加熱時間は様子を見ながら調整を。

スタッフメモ　ヨーグルト入りのドレッシングが甘い食材にぴったりでした。

カリフラワーのサラダ

［カリフラワーのホットサラダ］

レシピーD 491623

レシピ作者 KT121

1人当たり 105kcal

材料［2～3人分］

カリフラワー … 1/2株
にんじん … 小1本
A
- オリーブオイル … 大さじ2～2½
- ワインビネガー … 大さじ1
- 粒マスタード … 大さじ1
- 塩 … 少々
- 粗びき黒こしょう … たっぷり

作り方

1 ボウルにAを入れてよく混ぜ合わせる。
2 にんじんは皮をむき、食べやすい大きさに切る。カリフラワーは小房に分ける。鍋に湯を沸かし、**それぞれをゆでる**。
3 2をざるにあげて水けをよくきり、1に加えてあえる。

野菜は歯ざわりが残る程度にゆでるのがコツ。

スタッフメモ　野菜の歯ごたえがちょうどよく、たっぷりめの黒こしょうも◎。

つくれぽ

柿とサツマイモの組み合わせにびっくり! でも爽やかでマッチしてる♡

つくれぽ

食卓が華やかになる彩りで且つ美味しい♪酸味が箸休めに最適です!

ドレッシングバリエ

サラダがもっと食べたくなる、とびきりおいしいドレッシングレシピを厳選しました。

フレンチドレッシング

［我が家のフレンチドレッシング］ レシピID 567930

レシピ作者
わんこmama

1回当たり
159kcal

材料［2〜3回分］

玉ねぎ（すりおろし）… 約大さじ1
サラダ油 … 大さじ4
米酢 … 大さじ2
粒マスタード … 小さじ1
しょうゆ … 小さじ1
塩 … 小さじ1/2
トマトケチャップ … 小さじ1/2
砂糖 … ひとつまみ

作り方

1 すべての材料をよく混ぜ合わせる。

つくれぽ

初ドレッシング作り♪2歳の娘は味見で何度も舐めてました(^^)

スタッフメモ どんなサラダにも合いそうな定番ドレッシングでした。

サウザンアイランドドレッシング

［簡単に　サウザンアイランドドレッシング］　レシピID 737381

レシピ作者

rriioo

1人当たり
56kcal

つくれぽ

家にあるもので簡単にできるので◎!!味も好評です♡(*^^*)

材料［1～2人分］

マヨネーズ … 大さじ1
トマトケチャップ … 大さじ1
酢 … 小さじ1
砂糖 … 小さじ1
塩、こしょう … 各適量

作り方

1 すべての材料をよく混ぜ合わせる。

スタッフメモ　大人から子どもまで大好きな味わいですね。リピート間違いなし！

シーザーサラダドレッシング

［絶対美味しい♪シーザーサラダドレッシング］　レシピID 1374631

レシピ作者

ちぃトン

全量で
1165kcal

つくれぽ

シーザーサラダ大好きな娘がたっくさんかけて食べました☆

材料［約250㎖分］

マヨネーズ … 大さじ8
牛乳 … 大さじ8
粉チーズ … 大さじ2～4
酢 … 大さじ1
レモン汁（なければ酢大さじ1を追加）
　… 大さじ2
砂糖 … 小さじ3
オリーブオイル … 大さじ3
にんにく（すりおろし）… 小さじ1/2
塩、粗びき黒こしょう … 各少々

作り方

1 粉チーズと牛乳を混ぜ、少しだけ湯煎にかける。電子レンジの場合は、耐熱容器に入れてふんわりとラップをかけ、600Wで約20秒加熱する。
2 1に残りの材料をすべて加え、よく混ぜ合わせる。

スタッフメモ　このドレッシングの配合は暗記したいくらいファンになりました。

ごまドレッシング

［ごまドレッシング～簡単手作り～］
レシピーD 22637729

レシピ作者
こうへい1206

1回当たり
517kcal

つくれぽ
甘～くて濃厚で美味しいです！豚しゃぶサラダにかけました。

材料［1回分］

マヨネーズ … 大さじ4～5
すりごま（白）… 大さじ3
砂糖 … 小さじ2
しょうゆ … 小さじ2
酢 … 小さじ2

作り方

1 すべての材料をよく混ぜ合わせる。

スタッフメモ　使う分だけ作れる分量がいいですね。今度は蒸し鶏にかけて食べてみます。

玉ねぎドレッシング

［すぐ使える絶対美味し★新玉ジャポネソース］
レシピーD 542076

レシピ作者
MyDining

全量で
942kcal

つくれぽ
いつものサラダがご馳走サラダに☆とっても美味しい！感謝♪

材料［約3カップ分］

新玉ねぎ … 2～3個（500～600g）
にんにく … 1かけ
しょうが … 1かけ
A 砂糖 … 大さじ1強
　みりん … 1/4カップ
　酒 … 1/4カップ
　米酢 … 1/4カップ
　しょうゆ … 1/2カップ
サラダ油 … 1/4カップ

作り方

1 ボウルに新玉ねぎをすりおろす（ミキサーも可）。にんにく、しょうがもすりおろす。
2 1にAを加えて混ぜ、最後にサラダ油も加えてよく混ぜ合わせる（冷蔵庫で2週間程度保存可能）。

スタッフメモ　サラダはもちろん、ハンバーグやパスタのソースに使えるのもいいですね。

コブサラダドレッシング

［コブサラダドレッシング］ レシピID 1163729

レシピ作者 kazz72

全量で 179kcal

つくれぽ

すっかり定番ドレッシングの一つ♡サラダが主役になれます✲感謝

材料［作りやすい分量］

マヨネーズ
（カロリーハーフのものを使用）
… 大さじ3
バルサミコ酢（または米酢）
… 大さじ1
プレーンヨーグルト … 大さじ1
牛乳 … 大さじ1
粉チーズ … 大さじ1
レモン汁 … 小さじ1
塩、こしょう … 各少々
砂糖 … 小さじ1/2～1
ドライパセリや黒こしょう
（お好みで）… 各適量

作り方

1 すべての材料をよく混ぜ合わせる。

スタッフメモ ほどよい酸味とクリーミーさがなんともいえない、極上の味わいでした。

中華ドレッシング

［簡単★中華ドレッシング！］ レシピID 1106575

レシピ作者 うめもどき

1人当たり 37kcal

つくれぽ

豆腐サラダに♬超簡単だし、美味しい！さすが大人気ドレ❉ご馳走様♡

材料［1～2人分］

ポン酢 … 大さじ2
ごま油 … 大さじ1
いりごま（白）またはすりごま（白）
… 小さじ1～2

作り方

1 ボウルにポン酢、ごま油を入れて一度混ぜ、最後にごまを加えて全体をよく混ぜ合わせる。

スタッフメモ たった3つの少ない材料で味がビシッと決まるのがいいですね。

プレミアムサービスの紹介

誰でも無料で利用できるクックパッドのサイトですが、月額利用料（２８０円＋税※）のプレミアムサービスを利用すると、もっと便利になります。

たとえば、食材や料理名で検索すると、人気順に検索結果を見ることができたり、１０００人以上から「つくれぽ」をもらった「殿堂入りレシピ」を見ることができたりと、レシピ検索がスムーズになります。その他にも、レシピのカロリー計算ができる機能や、「ＭＹフォルダ」でのレシピの保管・管理が３０００件まで拡張できるなど、クックパッドのすべての機能を使うことができるようになります。

利用者の90％以上の人が、「レパートリーが増えた」「おいしく作れるようになった」「献立に悩まなくなった」と実感しているこのサービス、ぜひ一度ご体験を。

※２０１４年12月現在のプレミアムサービスは月額２８０円（税抜）。ｉＰｈｏｎｅ・ｉＰａｄアプリからのご登録の場合のみ、月額３００円となります。

140万人以上が利用中！
プレミアムサービスでできること

①

おいしくて作りやすい！大人気のレシピがすぐに見つかる！

材料や料理名で検索すると、人気順に検索結果を見ることができます。また、1000人以上が「つくれぽ」した「殿堂入りレシピ」も見られるから、おいしい食卓作りにとても便利です。

1000人以上がつくれぽ！殿堂入りレシピ

②

毎日の献立が悩まず決まる！

1週間分の献立を管理栄養士がテーマ別に選んで毎日提案。お買い物の悩みも、毎日の献立決めの悩みも一気に解消！

③

専門家が選んだレシピで健康に！

ダイエットや乳幼児の離乳食、からだの悩みを持つご家族にも役立つ目的別レシピを各ジャンルの専門家が厳選して提案。

その他にも、料理がもっと楽しくなる！おいしくなる！便利な機能がいっぱい！

クックパッド　プレミアムサービス　検索

素材別 index

野菜・果物・きのこ類

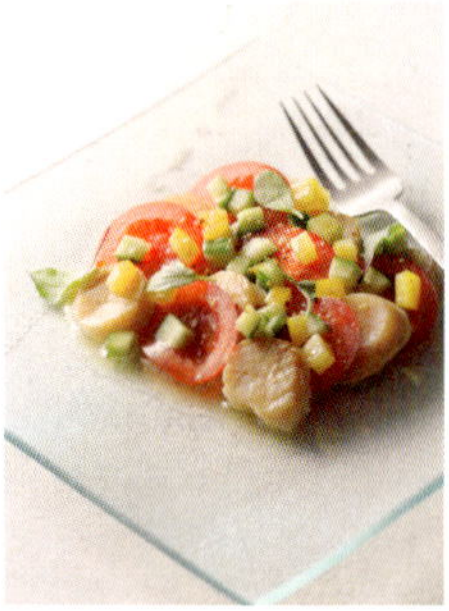

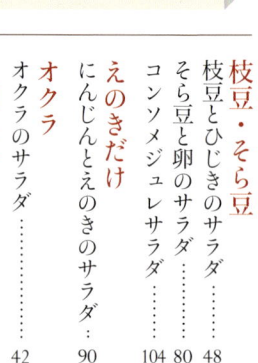

制作協力
クックパッドをご利用のみなさん

監修
クックパッド株式会社
http://cookpad.com

Staff

編集協力	内堀俊(スタジオダンク) 平舘玲子
デザイン	村口敬太 芝 智之　舟久保さやか (スタジオダンク)
撮　影	市瀬真以(スタジオダンク)
ライティング	倉橋利江
料理制作	しらいしやすこ　小澤綾乃 萩生唯(P32.54.106.116)
スタイリング	加藤洋子
カロリー計算	Acacia BP
撮影協力	UTUWA

本書の内容に関するお問い合わせは、**書名、発行年月日、該当ページを明記**の上、書面、FAX、お問い合わせフォームにて、当社編集部宛にお送りください。**電話によるお問い合わせはお受けしておりません。**
また、本書の範囲を超えるご質問等にもお答えできませんので、あらかじめご了承ください。
FAX：03－3831－0902
お問い合わせフォーム：http://www.shin-sei.co.jp/np/contact-form3.html

クックパッドのおいしい　厳選！サラダレシピ

監　修　クックパッド株式会社
発行者　富永靖弘
印刷所　慶昌堂印刷株式会社

発行所　東京都台東区台東2丁目24　株式会社 新星出版社
〒110-0016　☎03(3831)0743

ISBN978-4-405-09266-2